本报告为教育部哲学社会科学研究重大课题攻关项目：
世界一流大学和一流学科建设评价体系与推进战略研究
（项目编号：16JZD044）的阶段性成果

Abstract

China's Graduate Education Quality Report (*2018*) is an annual research report which aims at providing an overview of China's graduate education quality in 2017 from various aspects and dimensions.

As a commentary on quality of graduate education in China in 2017, this book provides data analysis on the annual development trend of graduate education in China; 10 major events influencing the quality of graduate education in China are presented; Jiangsu province is selected as the Advanced Region for Graduate Education and Prof. Wang Zeshan as the Person of the Year; we take supporting resources, social contributions and development consilience as the three dimensions to rank the quality of graduate education of 31 provinces respectively, autonomous regions and municipalities directly under the Central Government. A survey report on the educational satisfaction degree for 63,166 graduate students is presented with a general satisfaction rate of 71.2%. In addition, we summarize the latest comments from the foreign media on the "Double First-Rate Initiative" and the hot issues for graduate education, and present the dynamic development trend of graduate education in major countries such as the U.S.A., U.K. Germany, Japan and India. A chronicle of events of graduate education in 2017 in China is also edited.

With an enriched and accurate content, this report presents an overall perspective of China's graduate education quality in 2017 based on comprehensive, objective and multidimensional data. It is expected to facilitate the public's understanding of the quality of graduate education, to provide the basis for decision-making for universities and government administrations, as well as to create more access of communication with international counterparts. At the same time, we wish it could serve the general public and the academia as source of information for graduate education in China.

北京理工大学 研究生教育研究中心
Center for Graduate Education Beijing Institute of Technology

中国研究生
教育质量报告（2018）

Report on China's Graduate Education Quality 2018

王战军　主编

Wang Zhanjun Chief Editor

中国科学技术出版社

·北　京·

图书在版编目（CIP）数据

中国研究生教育质量报告. 2018/王战军主编. —北京：
中国科学技术出版社，2018.8
ISBN 978-7-5046-8104-1

Ⅰ.①中… Ⅱ.①王… Ⅲ.①研究生教育—教育质量—研究
报告—中国—2018 Ⅳ.①G643

中国版本图书馆CIP数据核字（2018）第170263号

选题策划	苏 青	王晓义
责任编辑	王晓义	
封面设计	孙雪骊	
责任校对	杨京华	
责任印制	徐 飞	

出 版	中国科学技术出版社
发 行	中国科学技术出版社发行部
地 址	北京市海淀区中关村南大街16号
邮 编	100081
发行电话	010-62173865
传 真	010-62179148
投稿电话	010-63581202
网 址	http://www.cspbooks.com.cn

开 本	720mm×1000mm 1/16
字 数	200千字
印 张	14
印 数	1—3000册
版 次	2018年8月第1版
印 次	2018年8月第1次印刷
印 刷	北京盛通印刷股份有限公司

书 号	ISBN 978-7-5046-8104-1/G·788
定 价	59.00元

研究生教育质量报告编研组

专家委员会成员

委员会主任

赵沁平　中国学位与研究生教育学会　　　会长　中国工程院院士

委员会成员

张　炜　西北工业大学　　　　　　　　　党委书记　教授

丁雪梅　哈尔滨工业大学　　　　　　　　副校长　教授

叶茂林　北京市教育委员会　　　　　　　副主任　研究员

张淑林　中国学位与研究生教育学会　　　副会长　研究员

牟延林　重庆市教育委员会　　　　　　　副主任　教授

白海力　天津市教育委员会　　　　　　　副主任　教授

王军政　北京理工大学研究生院　　　　　常务副院长　教授

陈洪捷　北京大学中国博士教育研究中心　主任　教授

主编简介

王战军，1956年生，教育部高等教育教学评估中心原副主任；现任北京理工大学研究生教育研究中心主任，教授，博士生导师；清华大学教授，博士生导师；教育部哲学社会科学研究重大攻关课题首席专家。

30多年来，一直从事高等教育管理、教学、科研与评估研究；主要研究方向为高等教育管理与评估、教育发展战略、管理信息系统等；曾策划、研制并组织开展多项全国学位与研究生教育评估项目；组织参与多项全国高等教育评估项目；主持完成或在研国家自然科学基金、国家社会科学基金等10余项；发表学术论文100多篇，其中多篇被《新华文摘》《复印报刊资料》全文转载；出版著作多部，代表性的有《高等教育监测评估理论与方法》《研究型大学与高等教育强国》《学位与研究生教育评估理论与方法》*The Construction and Development of Research Universities in China* 等。目前承担的课题有教育部哲学社会科学研究重大课题"世界一流大学和一流学科建设评价体系与推进战略研究"、北京市教育科学"十三五"规划重大课题"市属高校'双一流'建设问题及对策研究"等。

主要社会兼职有全国高校质量监测研究会会长、中国学位与研究生教育学会学术委员会副主任委员、《研究生教育研究》编委会副主任委员等。

曾多次代表我国专业评估机构访问美国、英国、澳大利亚、法国、意大利、加拿大等多个国家和中国台湾地区，并与其评估组织进行了交流与学习。

　　2017年，是党和国家事业发展中具有重大意义的一年。这一年，党的十九大胜利召开，为新时代我国经济社会发展绘制了蓝图。这一年，教育部等三部委公布了世界一流大学和一流学科（简称"双一流"）建设高校名单，共有137所高校的465个学科入选首批"双一流"建设名单，吹响了新时代中国建设高等教育强国的号角。2017年，中国研究生教育事业整体继续呈现良好的发展态势。研究生培养单位达到815个。研究生招生人数首次突破80万人，达到80.61万人；研究生招生规模近十年来增幅最大；专业学位研究生在校生人数占在校研究生总人数比例首次超过50%；毕业研究生总人数达到57.80万人。研究生指导教师数量首次超过40万名，达到40.31万人。

　　2017年，中国研究生教育继续深化研究生教育改革，不断提高质量，取得了新的成绩。一是制定了一系列发展规划和方案，为今后一个时期我国研究生教育发展指明了方向。教育部、国务院学位委员会发布《学位与研究生教育发展"十三五"规划》，勾勒出"十三五"时期中国研究教育改革和发展的路线图。二是多层面、多举措深化研究生教育综合改革。2017年，教育部在14所高校开展博士研究生教育综合改革试点工作，探索中国博士生教育发展的新思路、新举措、新方向。三是持续加强研究生教育质量保障体系建设，不断提高研究生教育质量。2017年各地共申请撤销博士学位授权点18个、硕士学位授权点322个，增列博士点18个、硕士点166个。2017年，中国第四轮学科评估结果显示，共有513个单位的7449个学科参与本次评估，其中747个学科获得A–以上。

　　面对我国研究生教育事业改革的新阶段、新局面，编研组以"年度"和"质量"为核心主题词，从事实说、数据说、示范说、省域说、学生说、国外媒体和专家学者说等多重视角，从国家层面、省级层面、学生层面，直观化、多元化地呈现2017年度中国研究生教育质量状态。

基于此，报告在内容方面做了如下布局：①从多角度对 2017 年我国研究生教育质量进行了述评；②用数据直观呈现了 2017 年度中国研究生教育质量状态；③遴选出 2017 年中国研究生质量年度十大事件、年度质量单位江苏省，年度质量人物南京理工大学王泽山院士；④从条件支撑度、社会贡献度和发展匹配度三个维度，对全国 31 个省、自治区、直辖市的研究生教育质量进行了单项排名；⑤对中国 109 所研究生培养单位的 6.3 万名在校研究生进行了满意度调查，进一步全面了解中国研究生教育质量状况；⑥通过综述境外媒体对中国研究生教育质量评价和国外研究生教育动态，使我们更加全面系统地掌握国外研究生教育的现状及趋势。同时，为了进一步增强报告的实用性，报告还编录了《2017 年中国学位与研究生教育要事志》《世界一流大学和一流学科建设高校名单》《第七届学位与研究生教育优秀博士学位论文名单》《第四轮学科评估获评 A 级学科的培养单位》《2017 年新增学位授予单位名单》，以及《学位与研究生教育发展"十三五"规划》《统筹推进世界一流大学和一流学科建设实施办法》《博士硕士学位授权审核办法》三个重要文件。

通过《中国研究生教育质量报告》，我们努力达到以下三个目的：①以第三方的视角，用数据和事实说话，科学、客观呈现我国研究生教育质量现状；②从多角度、多层面客观呈现我国研究生教育质量的状态；③通过对我国研究生教育质量存在的问题及今后可能出现的问题进行科学评判，以引起有关部门和机构对相关问题的重视，为他们及时发现问题、研判问题和科学决策提供有益参考。

Preface

The year 2017 is of great significance for the development of China and the CPC. The 19th National Congress of the Party has drawn a blueprint for the national economic and social development in the new era. The list of Constructing the First-Class Universities and First-Class Disciplines ("Double First Class")" has been jointly announced by the Ministry of Education, the Ministry of Finance and the National Development and Reform Commission, with a total of 465 disciplines at 137 institutions selected, calling for concerted efforts to further promote the quality of higher education in China. In 2017, the postgraduate education in China has maintained a good momentum for development. The total number of graduate students has reached 578,000 and the number of graduate student advisers has reached 403,100, exceeding 400,000 for the first time; with the largest annual increase in enrollment scale, the number of institutions qualified for issuing postgraduate degrees has increased to 815; the number of postgraduate student enrollment has reached 806,100, exceeding 800,000 for the first time; postgraduate students in professional degrees occupies 50% in the student population for the first time.

In 2017 new progress were made in quality improvement and reforms in China's postgraduate education, First, a series of development plans and projects have been formulated, providing orientation for graduate education development. *The 13th Five-Year Plan for the Degree and Postgraduate Education Development* issued by Ministry of Education and the Academic Degrees Committee of the State Council has outlined the road map for China's postgraduate education reform and development. Second, postgraduate educational reforms have been deepened at multiple levels and dimensions: comprehensive pilot reforms of doctoral education have been conducted at 14 universities to explore new ideas, new measures and new aims for the development of Chinese doctoral education. Third, the quality assurance system for postgraduate education has been continuously strengthened: 18 doctorate degree granting programs and 322 master degree granting programs have been revoked, and 18 new doctoral degree granting programs and 166 new master degree programs have been approved. In addition, a total of 7,449 disciplines at 513 institutions have participated in the 4th round of disciplinary evaluation in 2017, with 747 disciplines acknowledged as level A or A plus.

Catering for the new trend of the reform of graduate education in the new era, this book presents the panorama of the quality of graduate education in China in 2017 based on visualized facts and data at different levels including the individual student, the provincial level, the national level. It also records views from different perspectives including the experts and foreign media.

The layout of the book is as follows: first, the status quo of the quality of China's postgraduate education in 2017 is reviewed from multiple aspects; second, the data and evidence supporting the review is presented; third, 10 major events influencing the quality of graduate education in China are presented; Jiangsu province is selected as the Advanced Region for Graduate Education and Prof. Wang Zeshan as the Person of the Year; fourth, the quality of graduate education of 31 provinces, autonomous regions and municipalities directly under the Central Government is respectively ranked judged from supporting resources, social contributions and development consilience; fifth, a survey report on the educational satisfaction rate for 63,166 graduate students at 109 institutions is presented; sixth, the latest development of international trend of graduate education is reviewed, and the latest comments from the foreign media on the quality of graduate education in China is summarized. Furthermore, reference sources are provided, such as the *Chronicle of Events of Graduate Education in 2017 in China*, the list of "*Constructing the First−Class Universities and First−Class Disciplines*", *The 7th National Award of Excellency of the Doctoral Dissertations, The list of A−level and A plus level disciplines according to the result of the fourth disciplinary evaluation, The list of the newly− approved postgraduate degree−granting institutions in 2017, The 13th Five−Year Plan for the Development of Degree and Postgraduate Education, The Implementation Measures of the Overall Advancement of the First−class Universities and First−class Disciplines*, and *The Verification and Authorization Method for Ph.D and Master Degree Programs*.

We wish that the *Report on the Quality of China's Postgraduate Education* provides the readers with information and insights based on an objective overview of the quality of graduate education in China supported by scientific data and facts from multiple perspectives. In addition, we wish that the problems proposed and predicted could serve as reference for the scientific decision-making in a timely manner both to the academia and the administrative.

目　录

前言

第一章　研究生教育质量述评 ················· **1**

　　一、《学位与研究生教育发展"十三五"规划》新绘蓝图 ·········· 1

　　二、世界一流大学和一流学科建设扬帆起航 ················· 4

　　三、博士硕士学位授权审核制度化和常态化 ················· 7

　　四、全国第四轮学科评估结果争奇斗艳 ················· 10

第二章　研究生教育质量数析 ················· **13**

　　一、研究生教育发展基本概况 ················· 13

　　二、2017年研究生教育质量分析 ················· 20

　　　　（一）研究生招生规模持续扩张 ················· 20

　　　　（二）研究生就业质量稳中有升 ················· 23

　　　　（三）研究生参与科技创新规模继续增长 ················· 30

　　　　（四）研究生导师规模持续快速增长 ················· 31

　　　　（五）专业学位招生占比进一步提高 ················· 33

　　　　（六）来华留学研究生规模持续扩大 ················· 34

　　三、2017年研究生教育质量指数构建 ················· 37

　　　　（一）研究生教育质量指数构建的前期探索 ················· 37

　　　　（二）研究生教育质量指数构建的优化完善 ················· 38

　　四、研究生教育质量存在的问题分析 ················· 41

第三章　2017年度中国研究生教育质量事件、单位与人物 ······· **44**

　　一、2017年度研究生教育质量事件 ················· 44

（一）国家颁布《学位与研究生教育发展"十三五"规划》，
绘制研究生教育改革与发展蓝图 ……………………… 44

（二）国家公布"双一流"建设的实施办法和建设名单，
推动高校及学科建设快速发展 ……………………… 45

（三）国家颁布《博士硕士学位授权审核办法》，学位授权
审核十年后再次启动 ………………………………… 47

（四）全国第四轮学科评估结果公布，各个领域学科建设
成效显著 ……………………………………………… 48

（五）国家开展2017年学位授权点专项评估工作，
提升高校学位点建设水平 …………………………… 48

（六）教育部召开全国博士研究生教育综合改革试点会议 …… 49

（七）国务院发文推进产教融合，大力支持培养
创新创业人才 ………………………………………… 50

（八）国家提高博士研究生助学金补助标准，
调动青年高端人才积极性 …………………………… 51

（九）全球首届研究生教育学国际会议举行，
探索研究生教育学科发展 …………………………… 52

（十）高校须多管齐下防范学术不端行为，
加强科研诚信建设 …………………………………… 53

二、2017年度研究生教育质量示范单位——江苏省 ……… 54
（一）江苏研究生教育概况 ……………………………… 54
（二）江苏研究生教育改革主要举措 …………………… 55
（三）江苏省研究生教育特色举措 ……………………… 58

三、2017年度研究生教育质量突出人物
——南京理工大学王泽山院士 …………………… 60
（一）人物简介 …………………………………………… 60
（二）学术成就 …………………………………………… 61
（三）研究生培养 ………………………………………… 62

第四章　省域研究生教育质量评价 ………………………………… **64**

一、评价的指标体系、数据来源及分析方法 ……………… 64

（一）指标体系的设计原则 ………………………… 64

（二）2018年指标体系的内容 …………………… 65

（三）数据来源 …………………………………… 66

（四）数据处理方法 ……………………………… 67

二、省域研究生教育质量排名 ………………………… 68

（一）条件支撑度排名 …………………………… 68

（二）社会贡献度排名 …………………………… 83

（三）发展契合度排名 …………………………… 92

三、省域研究生教育质量的年度变化 ………………… 98

四、结论 ……………………………………………… 109

第五章　研究生满意度调查 ………………………………………… **111**

一、调查目的与方法 …………………………………… 111

（一）调查目的 …………………………………… 111

（二）调查方法 …………………………………… 111

二、调查样本的基本情况 ……………………………… 112

三、满意度调查结果 …………………………………… 114

（一）研究生总体满意度 ………………………… 114

（二）课程教学满意度 …………………………… 118

（三）科研训练满意度 …………………………… 121

（四）指导教师满意度 …………………………… 125

（五）管理与服务满意度 ………………………… 126

（六）专业学位研究生满意度 …………………… 127

四、结论与分析 ………………………………………… 132

第六章　研究生教育国际述评 ･････････････････････････････ **136**

　一、国际媒体评介中国"双一流"建设方案及研究生教育 ･･･････ 138

　　（一）国际媒体评介中国"双一流"建设方案 ･･･････････････ 138

　　（二）境外媒体/学术期刊关注中国研究生教育的热点问题 ･･････ 141

　二、国际研究生教育动态 ･････････････････････････････････ 143

　　（一）不同政策环境下，各国对高端人才的竞争依然激烈 ･････ 143

　　（二）世界各国的"一流大学"政策实施进展 ･･･････････････ 145

　　（三）世界各国对博士生工作技能的关注 ･････････････････ 147

　　（四）美国国际研究生申请人数首次下降 ･････････････････ 147

　　（五）印度高等教育呈现强劲发展势头 ･･･････････････････ 148

　　（六）日本面临高等教育生源大量下降 ･･･････････････････ 149

附录一　2017年中国学位与研究生教育质量要事志 ････････ **150**

附录二　世界一流大学和一流学科建设高校名单 ･････････････ **158**

附录三　学位与研究生教育优秀博士学位论文 ･･･････････････ **161**

附录四　第四轮学科评估获评A级学科的培养单位 ･････････ **162**

附录五　2017年新增学位授予单位名单 ･････････ **169**

附录六　学位与研究生教育质量重要文件 ･･････････････････ **171**

参考文献 ･･･ **197**

后记 ･･･ **201**

Contents

Preface

Chapter One   Review and Comment of the Graduate Education Quality ··· **1**

1. 'The13th Five-Year' Plan for Degree and Graduate Education Drawing New Blueprint ··· 1

2. World-Class Universities and First-Rate Disciplines Setting Sail ·············· 4

3. The Authorization and Audit of Doctor and Master Degree Being Institutionalized and Normalized ································· 7

4. Competing Results on National Fourth-Round Discipline Evaluation ··········· 10

Chapter Two   Data Analysis of the Graduate Education Quality ··· **13**

1. Basic Situation ··· 13

2. Analysis of Graduate Education Quality in 2017 ····························· 20

（1）Significant Growth of Graduate Enrollment Increasing Rate ·············· 20

（2）Steady Rising of Graduate Employment ································· 23

（3）Slight Rise of the Graduate Students' Participation Proportion in Scientific and Technological Innovation ································· 30

（4）Increasing Rate of Graduate Faculty Failing in Meeting the Graduates' Needs ································· 31

（5）Conitinuous Increase of Professional Degree Enrollment Rate ················ 33

（6）International Students in China Keep Increasing ························· 34

3. Construction of Graduate Education Quality Index of 2017 ····················· 37

（1）Preliminary Study on the Construction of Graduate Education Quality Index ··· 37

（2）Optimazation and Improvement of the Construction of Graduate Education Quality Index ································· 38

4. Anlysis of Graduate Education Quality Issues ·············· 41

Chapter Three   Quality Events,Units and Characters of

the Graduate Education in 2017 ··················· 44

1. Events ·· 44

（1）*The 13th Five-Year Plan of Degree and Graduate Education Development* are Promulgated,Which Draws the Blueprint of Graduate Education Reform and Development ·············· 44

（2）The Implementation Measures and List of 'Double World-class' Building are announced,Which Promot the Rapid Development of Discipline Construction in Universities ················ 45

（3）*Doctorl and Master Degree Authorzation and Audit Method* are Promulgated,Wchich Activates again Ten Years after last Degree Authorization and Audit Activity ·············· 47

（4）The Forth-Round Discipline Evaluation Results are Announced, Showing Signigicant Achievements in Discipline Construction in Various Fields ··································· 48

（5）Conducting the Thematic Evaluation on Degree Authorization Units in 2017,Which Improves the Degree Units Construction Level ········ 48

（6）Ministry of Education Holds the Pilot Conference on Comprehensive Reform of Doctoral Graduate Education ·············· 49

（7）State Council Issues the Promotion of Production and Education Integration,Strongly Supporting the Cultivation of Innovative Entrepreneurial Talents ··························· 50

（8）The Government Improves the Scholarship Subsidy Standard for Doctoral Graduates,Motivating High Talents' Enthusiasm ·············· 51

（9）The First International Conference on Pedagogy of Graduate Education is Held,Exploring Graduate Education Discipline Development ·············· 52

（10）Universities Need Multi-pronged Prevention of Academic Misconduct, Strengthening the Credit Construction of Scientific Research ·············· 53

2. Quality Units：Jiangsu Province ······························· 54

（1）General Introduction of Graduate Education ·············· 54

（2）Main Measures of the Reform ······························· 55

（3）Characteristic Initiatives ··································· 58

3. Quality Character:Wang Zeshan,Academician,Nanjing University of

Science and Technology ···································· 60

(1) Profile ···································· 60

(2) Academic Achievements ···································· 61

(3) Graduate Training ···································· 62

Chapter Four　Provincial Graduate Education Quality Evaluation ··· 64

1. Index System,Data Source and Analytical Methods ···································· 64

(1) Principle of Index System Design ···································· 64

(2) Main Contents of Index System Design of 2018 ···································· 65

(3) Data Source ···································· 66

(4) Data Processing Methods ···································· 67

2. Provincial Graduate Education Quality Ranking ···································· 68

(1) Condition Supporting Degree Ranking ···································· 68

(2) Social Contribution Degree Ranking ···································· 83

(3) Fitting Degree Ranking ···································· 92

3. Annual Changes of Provincial Graduate Education Quality ···································· 98

4. Conclusions ···································· 109

Chapter Five　Investigation on Graduate Satisfaction Degree ········· 111

1. Objective and Methods ···································· 111

(1) Objective ···································· 111

(2) Methods ···································· 111

2. Brieft Introduction of Survey Samples ···································· 112

3. Main Conclusions ···································· 114

(1) Overall Satisfaction Degree Towards Graduate Education ···································· 114

(2) Satisfaction Degree Towards Course Teaching ···································· 118

(3) Satisfaction Degree Towards Scientific Research Training ···································· 121

(4) Satisfaction Degree Towards Tutors ···································· 125

(5) Satisfaction Degree Towards Management and Service ···································· 126

(6) Satisfaction Degree Towards Professional Degree Education ···································· 127

4. Conclusions and Analysis ···································· 132

Chapter Sixth　International Review of the Graduate Education ··· 136

1. Foreign Reviews on China's 'Double World-class' Construction

Programme and Graduate Education ···································· 138

（1）Foreign Reviews on China's 'Double World-class'
Construction Programme ·································· 138

（2）Foreign Media/Academic Journals' Attention on Hot Issues of
China's Graduate Education ································ 141

2. New Trends in Foreign Countries ····························· 143

（1）Fierce Competition on Top Talents in Countries under Different
Environmental Policy ···································· 143

（2）Implementation Progress of the Top University Policy in
Countries around the World ······························· 145

（3）Attention to Doctoral Students' Skills around the World ················· 147

（4）First Decrease of the United States' International Graduate Appllicants ··· 147

（5）Strong Development Momentum of India's Higher Education ················ 148

（6）Massive Declines of Japan's Students Source for Higher Education ·········· 149

Appendix I   Events of Chinese Degree and Graduate Education

Quality of 2017 ······································ 150

Appendix II   List of World-Class Universities and First-Rate

Discplines ·· 158

Appendix III Excellent Doctoral Dissertations on Degree and

Graduate Education ································ 161

Appendix IV   A-Level Training Units in the Forth-Round

Discipline Evaluation ······························ 162

Appendix V   List of New Awarding Degree Units in 2017 ··········· 169

Appendix VI Important Documents on the Degree and

Graduate Education Quality ···················· 171

Main References ·· 197

Postscript ·· 201

第一章　研究生教育质量述评

2017 年，我国研究生教育坚持"以服务需求、提高质量为主线"，抓改革、促发展，编制《学位与研究生教育发展"十三五"规划》，推进世界一流大学和一流学科建设，改革博士硕士学位授权审核办法，开展博士研究生教育综合改革试点，服务需求进一步强化，综合改革进一步深入，提高质量进一步见效，内涵发展转型进一步加快，实现了有质量的快速发展。

一、《学位与研究生教育发展"十三五"规划》新绘蓝图

教育部、国务院学位委员会 2017 年 1 月正式发布《学位与研究生教育发展"十三五"规划》（以下简称《规划》），对"十三五"期间我国研究生教育的改革与发展进行总体部署，从发展思路、发展目标、发展改革任务和保障措施等方面进行了系统设计。《规划》指出，"十三五"时期研究生教育改革发展要继续"坚持以服务需求、提高质量为主线""到 2020 年，实现研究生教育向服务需求、提高质量的内涵式发展转型"。2013 年《关于深化研究生教育改革的意见》提出的"服务需求、提高质量"的发展主线进一步确立，服务需求、提高质量的内涵式发展转型，成为未来我国研究生教育改革发展的根本方向和重要任务。

习近平总书记在党的十九大报告中提出，中国特色社会主义进入新时代，我国社会主要矛盾已经转化为人民日益增长的美好生活需要和不平衡不充分的发展之间的矛盾。我国社会主要矛盾的变化是关系全局的历史性变化，对党和国家工作提出了许多新要求。我们要在继续推动发展的基础上，着力解决好发展不平衡不充分问题，大力提升发展质量和效益，更好满足人民在经济、政治、文化、社会、生态等方面日益增长的需要，更好推动人的全面发展、社会全面进步。党的十九大报告提出："建设教育强国是中华民族伟大复兴的基础工程，必须把教育事业放在优先位置，加快教育现代化，办好人民满意的教育。"迈入新时代，踏上新征程，办好人民满意教育的新使命、新目标、新部署、新要求，要求教育必

须肩负新任务，承起新担当，开创新气象。

研究生教育改革要把握好中国特色社会主义新时代的新特征，积极回应中国特色社会主义新时代的新要求，应当从理念、战略、举措上认真思考下面三个问题。

一是如何真正落实立德树人的根本任务。功以才成，业由才广。研究生教育的质量和水平最终取决于其人才培养的质量和水平。因此，研究生教育要遵循教育规律，把促进研究生成才成长作为出发点和落脚点，坚持寓教于研、激励创新，充分激发研究生从事科学研究和实践创新的积极性、主动性。研究生教育要坚持开放发展，促进科研优势资源、行业优质资源与研究生培养的深度融合，科教协同、产学结合培养创新人才。来自学生本身的动力，是提升研究生教育质量的关键点，研究生创新能力培养要落地生根，是需要学生本身在科研训练中经历不断摸索、磨练直至产生顿悟和自豪感的过程。这种经历成功的体验对其发展至关重要，因此要通过制度创新、机制创新、模式创新激发研究生的创造性，点燃研究生创新动力。"大学之道，在明明德，在亲民，在止于至善。"落实立德树人根本任务，培养德智体美全面发展的社会主义建设者和接班人，乃是中国大学之道必然的、内在的精髓。研究生教育要坚持立德树人，突出人才培养的核心地位，分类推进培养模式改革，着力培养具有历史使命感和社会责任心、富有创新精神和实践能力的高素质人才。要坚持社会主义核心价值观导向，深入开展理想信念教育、爱国主义教育、中华优秀传统文化教育和革命传统教育；加强法治教育、国防教育和可持续发展教育，引导研究生做社会主义核心价值观的坚定信仰者、积极传播者、模范实践者。要把中国特色社会主义道路自信、理论自信、制度自信、文化自信转化为办好中国特色世界一流大学的自信，切实加强"四个自信"教育引领，不仅要培养有创新精神、有全球视野、有国际竞争力的高素质研究生，更要培养具有历史使命感、时代责任感、文化自信心的社会主义事业合格建设者和可靠接班人。唯有如此，才能不忘初心，才能终得大成，才能为实现中国梦建功立业。

二是如何致力夯实创新驱动的创新之源。创新是引领发展的第一动力，是建设现代化经济体系的战略支撑。我国实施创新驱动发展战略，突出强调创新对供给侧结构性改革和培育发展新动能的支撑引领作用。正如习近平总书记2018

年在北京大学师生座谈会上的讲话中指出的，"当今世界，科学技术迅猛发展。大学要瞄准世界科技前沿，加强对关键共性技术、前沿引领技术、现代工程技术、颠覆性技术的攻关创新。要下大气力组建交叉学科群和强有力的科技攻关团队，加强学科之间协同创新，加强对原创性、系统性、引领性研究的支持。要培养造就一大批具有国际水平的战略科技人才、科技领军人才、青年科技人才和高水平创新团队，力争实现前瞻性基础研究、引领性原创成果的重大突破"。创新驱动实质上是人才驱动，创新竞争实力上的优势归根结底是拔尖创新人才实力上的优势。《学位与研究生教育发展"十三五"规划》指出，研究生教育作为国民教育体系的顶端，是培养高层次人才和释放人才红利的主要途径，是国家人才竞争和科技竞争的重要支柱，是实施创新驱动发展战略和建设创新型国家的核心要素，是科技第一生产力、人才第一资源、创新第一动力的重要结合点。从当前世界发展趋势来看，没有强大的研究生教育，就没有强大的国家创新体系；同样的，没有涌现强大的创新实力的研究生教育也就称不上真正强大的研究生教育。

研究生教育作为国民教育体系的顶端，是实施创新驱动发展战略和建设创新型国家的核心要素，是科技第一生产力、人才第一资源、创新第一动力的重要结合点

　　三是如何积极树立开放发展的国际视野。2017年1月，国家主席习近平在联合国日内瓦总部的演讲中提出，人类正处在大发展大变革大调整时期。世界多极化、经济全球化深入发展，社会信息化、文化多样化持续推进，新一轮科技革命和产业革命正在孕育成长，各国相互联系、相互依存，全球命运与共、休戚相关，和平力量的上升远远超过战争因素的增长，和平、发展、合作、共赢的时代潮流更加强劲。2017年12月，习近平在中国共产党与世界政党高层对话会上的主旨讲话中再次强调，构建人类命运共同体，需要世界各国人民普遍参与。我们应该凝聚不同民族、不同信仰、不同文化、不同地域人民的共识，共襄构建人类命运共同体的伟业。实现伟大梦想需要各方面智慧和力量。我们应该全方位、多层次、多角度集思广益，从实践中总结经验、寻找思路、升华思想、获取动力。

为此，要坚持创新驱动，打造富有活力的增长模式；坚持协同联动，打造开放共赢的合作模式；坚持与时俱进，打造公正合理的治理模式；坚持公平包容，打造平衡普惠的发展模式。加强教育合作，既是上述应对策略的内容之一，也是实现这些策略的途径之一。《规划》提出，到 2020 年"基本形成结构优化、满足需求、立足国内、各方资源充分参与的高素质高水平人才培养体系，国际影响力显著增强，建成亚太区域研究生教育中心"。我国正由单边的研究生生源输出大国发展成为既是输出大国又是输入大国，据统计，2017 年来华接受学历教育的硕士和博士研究生共计 7.58 万人，同比增加 18.62%。随着中国国际影响力的扩大，"一带一路"倡议的实施，中国高铁等大型工程技术"走出去"步伐的加快，以及中国企业国际化经营的转型升级，急需大批熟悉、了解国际事务的高端复合型人才。研究生教育要积极结合国家战略和海外重大工程项目的需要，培养国际事务专门人才、海外工程所在地本土人才、我国企业国际化人才、国别或区域研究人才。新时代研究生教育加快开放发展，要把开放作为发展的内在要求，要靠开放释放发展的强大推力，要从开放开拓发展的最新格局。要加强国际合作与竞争，瞄准中国特色、世界一流，提升我国研究生教育国际影响力，形成合作共赢的发展格局。

2020年，建成**亚太区域研究生教育中心**

二、世界一流大学和一流学科建设扬帆起航

137所高校进入首批"双一流"建设高校，其中世界一流大学建设高校**42**所，世界一流学科建设高校**95**所；"双一流"建设学科**465**个

2017 年 9 月，教育部、财政部、国家发展改革委联合发布《关于公布世界一流大学和一流学科建设高校及建设学科名单的通知》，137 所高校进入首批"双一流"建设高校，其中世界一流大学建设高校 42 所，世界一流学科建设高校 95 所；"双一流"建设学科 465 个。这标志着"双一流"建设落地进入实施阶段。

党的十九大报告提出"加快一流大学和一流学科建设,实现高等教育内涵式发展"。建设世界一流大学和一流学科,是党中央、国务院作出的重大战略决策,对于提升我国教育发展水平、增强国家核心竞争力、奠定长远发展基础,具有十分重要的意义。

通过实施"211工程""985工程"以及"优势学科创新平台"和"特色重点学科项目"等重点建设,我国一批重点高校和重点学科建设取得重大进展,带动了高等教育整体水平的提升,为经济社会持续健康发展做出了重要贡献。"双一流"建设既要真正彰显重点建设的力量和优势,又要有效避免过去建设模式的缺陷,强劲推动我国从高等教育大国到高等教育强国的历史性跨越。

一是开局和机制的问题。"双一流"建设得到了社会各界的广泛认同和积极响应。一个好的开局常常预示着一个好的后续发展和结局。但是,一个良好的开局只是奠定了一个好的发展基础和发展态势,对于"双一流"建设来说,更关键的是长效机制的建立与运行。"双一流"建设要预防和避免可能出现的一些趋向。其一,"双一流"建设必然涉及高等教育资源配置的调整,但"双一流"建设不能沦为分蛋糕,不能搞成政策洼地。"双一流"建设高校和学科应当成为我国高等教育改革高地,应当成为高等教育改革的排头兵。"双一流"建设在具体实施过程中,始终要做到站位高,坚持以改革为动力,深化综合改革,着力破除体制机制障碍,加快构建充满活力、富有效率、更加开放、有利于学校科学发展的体制机制。其二,"双一流"建设要坚持"中国特色、世界一流",并将其内化、实化、细化到建设高校和建设学科的建设方案中,"双一流"建设高校围绕"双一流"建设总体目标,制订具体的"路线图"与"任务书"。其三,"双一流"建设强调开放竞争和动态调整,这是从宏观管理、建设周期、绩效评估等方面提出的新举措,旨在形成竞争态势和防止身份固化。但是对于"双一流"建设而言,这是一个长期的、复杂的、系统的过程,因此,又要有长远眼光和战略部署。学校领导班子、学科负责人既要有战略魄力,更要有战略定力,要有抓铁有痕,久久为功,功成不必在我的信心、气势和韧劲,稳健地推动学校和学科有质量的内涵式发展。

"双一流"建设既是一个突破性工程，又是一个引领性工程

二是突破和引领的问题。"双一流"建设既是一个突破性工程，又是一个引领性工程，要发挥出带动示范作用。"双一流"建设是高等教育发展格局的突破，是高等教育体制机制变革的突破，是高等教育活力潜力的突破，是高等教育创新能力的突破。这些突破旨在实现共性关键技术、前沿引领技术、现代工程技术、颠覆性技术创新的新突破，旨在实现高水平人才培养体系建设的新突破，旨在实现自主培养高素质创新型人才的新突破。与此同时，"双一流"建设作为国家战略部署，要发挥对高等教育理念、模式的引领作用，以提升我国高等教育整体实力；要发挥对中西部高等教育振兴的引领作用，以实现高等教育协调发展；要发挥对经济社会发展的引领作用，为实现中华民族伟大复兴的中国梦提供坚强的人才支撑和科技支撑。"双一流"建设高校与学科要成为研究生教育改革的先行者，要在招生选拔方式改革、课程体系建设、培养机制模式创新、质量保障体系建设等方面先行先试，发挥带动作用和示范作用。"双一流"建设高校与学科要看到学科本身的变化及其发展趋势、知识生产方式的变革及其影响以及协同式创新的冲击和机遇，以研究生教育为切入点激活学术活力、拓展发展空间、创新发展机制，协调处理好学术发展与社会服务、学科建设与人才培养、国际竞争与服务区域的关系。

"双一流"建设要真正坚持"中国特色、世界一流"

三是质量和贡献的问题。"双一流"建设要真正坚持"中国特色、世界一流"，就要以质量为根基，以贡献为导向，以质量促服务，以奉献求发展。"双一流"建设提出五大建设任务，即建设一流师资队伍、培养拔尖创新人才、提升科学研究水平、传承创新优秀文化、产学合作与促进科研成果转化。这些任务与研究生教育密切相关。研究生教育正好构成这些重点建设的重要内容，重点建设为研究生教育改革发展提供了机遇和支撑，研究生教育为重点建设提供了着力点和抓手。研究生教育改革发展与"双一流"建设的对接，一是要融入五大建设任务，

从顶端拉动"双一流"建设;二是要立足"双一流"建设这一新的发展平台,提升整体实力和扩大国际影响;三是要瞄准新的发展机制,通过改革创新推进研究生教育服务需求、提高质量的内涵式发展转型;四是要致力于区域服务,既要提升国际影响力,更要切实增强服务区域经济社会发展的支撑度和贡献力。

三、博士硕士学位授权审核制度化和常态化

2018年1月国务院学位委员会办公室公示2017年全国学位授权审核结果

2017 年 3 月,国务院学位委员会印发《关于开展 2017 年博士硕士学位授权审核工作的通知》,正式启动 2017 年学位授权审核工作。2018 年 1 月,国务院学位委员会办公室对 2017 年全国学位授权审核结果予以公示,包括 34 个新增博士学位授予单位、30 个新增硕士学位授予单位、656 个新增博士学位授权点、2083 个新增硕士学位授权点,以及 20 个自主审核单位审核结果。本次授权审核距离上一次授权审核间隔已有 10 年,地方政府、高等学校强烈要求开展学位授权审核工作、增加新的博士硕士学位授予单位与学位点。因此,2017 年博士硕士学位授权审核工作的压力非常大,但是从公示结果的反响来看,应当说是平稳的。

2017年3月国务院学位委员会印发了《博士硕士学位授权审核办法》

一是制度建设问题。自 1981 年《中华人民共和国学位条例》实施以来,我国逐步建立了具有中国特色的学位授权审核制度,开展了 11 批学位授权审核、1次"服务国家特殊需求人才培养项目"学位授权审核和多次专业学位授权审核。随着我国研究生教育迈入新的历史阶段,以及政府职能转变的不断深入,需要进一步深化学位授权审核改革,制定学位授权审核办法。继 2008 年 1 月国务院学位委员会第 25 次会议审议通过《博士、硕士学位授权审核办法改革方案》,2017年 3 月国务院学位委员会印发了《博士硕士学位授权审核办法》(以下简称《审

核办法》），首次对学位授权审核进行了全面系统的规范。此前开展学位授权审核工作时往往通过授权审核工作通知来确立审核工作的指导思想和工作原则，缺乏专门的学位授权审核办法的指导，《审核办法》的出台是我国研究生教育制度的一个创新。《审核办法》推行学位授权审核分类，将学位授权分为新增学位授权审核和学位授权点动态调整两类，明晰两类授权审核的原则办法。未来需要处理好学位授权神审核的制度化与常态化问题，新增学位授权审核实行制度化，每3年实施一次，而学位授权点动态调整实现常态化，每年开展一次；处理好学位授权审核的增量结构调整与存量结构优化问题，既要通过增量的导向作用和调控作用来优化研究生教育结构，又要通过存量的调整来激活研究生培养能力；处理好学位授权审核宏观体制和内涵发展机制问题，政府要加强统筹规划，宏观引导，建立服务需求、提高质量的宏观体制，与此同时，学位授权单位要充分发挥自主权，紧跟社会需求，形成服务需求、提高质量的内涵式发展机制。

我国学位授权制度改革的一个总的方向是权力下放

　　二是权力下放问题。教育部等五部门《关于深化高等教育领域简政放权放管结合优化服务改革的若干意见》提出："改革学位授权审核机制。深入推进学位授权点动态调整。省级学位委员会负责审批学士学位授予单位及专业。国务院学位委员会委托省级学位委员会组织硕士学位授权审核和博士学位授权初审。稳妥推进部分高校自主审核博士硕士学位授权点。"我国学位授权制度改革的一个总的方向是权力下放。这体现为两个路径，其一是扩大省级学位委员会的统筹权力和审核权力，其二是扩大学位授权单位的办学自主权。未来的发展趋势是权力下放与强化监管双管齐下。一方面，要规范行政审批行为，确立以省级学位委员会为主的审核模式，省级学位委员会负责本区域学位授权审核工作的规划、建设和申报指南编制，组织实施新增博士学位授予单位和新增博士学位点的初审，以及新增硕士学位授予单位和新增硕士学位点的审核。另一方面，要建立全方位的学位授权审核质量监管体系，将授权审核与研究生教育发展状况进行关联，与质量监管实行联动。省级学位委员会要开展本区域经济社会发展对高层次人才需求的调研和预测，加强本区域研究生教育改革发展和质量保障的监测和督查，建立区域内相关行业部门、社会机构积极参与研究生教育的联动机制并形成合力。

严格控制授权审核的准入门槛**突出质量标准**在授权审核中的主导作用

三是审核标准问题。国务院学位委员会组织国务院学科评议组制定了新增博士硕士学位授予单位、新增博士硕士学位点、自主审核单位申请基本条件，按一级学科制定的博士硕士学位授权点申请基本条件对学科方向与特色、学科队伍、人才培养、培养环境与条件等方面的基本要求进行了定性与定量的规定，严格控制授权审核的准入门槛，整个审核严格按照预先设置的基本条件要求进行，突出质量标准在授权审核中的主导作用。需要进一步考虑以下两个问题：其一，不同的一级学科之间可比性问题，即各个一级学科新增授权学科的机会大小的可比性问题；其二，基于专家学术判断的审核标准与社会需求之间的落差问题，即学术标准与需求导向之间的吻合问题。

四是区域需求问题。研究生教育是提升地区经济科技发展水平、促进产学研合作和技术当地化、集聚高水平专业人才的重要力量。学位授权审核既要站在服务于国家战略需求的高度，保证整体教育质量，又要兼顾区域经济社会和高校自身发展的现实需要，激发区域内各方力量参与研究生教育的积极性，激发高等学校的活力和潜力。立足各地区经济社会协调发展的现实需求，优化研究生教育区域布局，是研究生教育实现服务需求、提高质量内涵式发展转型的迫切要求。未来需要通过制度设计，按照"服务需求、提高质量"的理念开展学位授权审核。其一，要把需求优先落到实处，将服务国家战略和经济社会发展的需求作为最重要的考量因素，要通过广泛的调查和大数据分析，科学制定反映社会需求的新增学位点调控意见、省级新增学位授予单位规划和学位点申报指南；其二，要把满足区域需求与优先新增国家区域发展重点领域、空白领域和亟需领域的学位授权紧密结合起来，要真正聚焦于最为紧迫的、最为重要的社会需求和区域需求；其三，要细化和分类区域需求，分类发展，重点增列以培养应用型人才为主的新增硕士学位授予单位，以及在与经济社会发展密切相关、社会需求较大、培养应用型人才的学科或专业学位类别。

学位授权审核是中国特色学位与研究生教育制度的基本内容之一，也是保障我国学位与研究生教育质量和国际声誉的有效举措之一。学位授权审核改革的每一次改革都旨在提高我国研究生教育水平和质量，比如本轮学位授权审核中制定的《学位授权审核申请基本条件（试行）》就与《一级学科博士、硕士学位基本要求》《专业学位类别（领域）博士、硕士学位基本要求》共同构成质量标准体系，促使学位与研究生教育的有序发展与质量提高。

四、全国第四轮学科评估结果争奇斗艳

全国第四轮学科评估80所高校获得A+一级学科，有16所高校获得4个以上A+一级学科

教育部学位与研究生教育发展中心 2016 年 4 月启动第四轮学科评估，共有 513 个单位的 7449 个学科参评，分布在 95 个一级学科。2017 年 12 月，教育部学位与研究生教育发展中心公布了全国第四轮学科评估结果。评估结果按照"精准计算、分档呈现"的原则，根据"学科整体水平得分"的位次百分位，将前 70% 的学科分为 9 档予以公布，有 80 所高校获得 A+ 一级学科（前 2% 或前 2 名），有 16 所高校获得 4 个以上 A+ 一级学科。

入围院校A−以上一级学科的平均数看，第四轮学科评估明显高于2012年学科评估

一是如何看待变化。按照第四轮学科评估分档的方式对 2012 年学科评估结果进行分档（得分并列的同时进入相应档次）后，对两次评估结果进行对比分析发现，优势学科的院校分布、优势聚集、前列位次、学科覆盖等方面都发生了不同程度的变化。就入选 A+ 一级学科的院校数量而言，第四轮学科评估和 2012 年学科评估的结果差异不大，分别是 80 所和 79 所；就 A−（前 10%）以上一级学科而言，入围院校的数量由 115 所增加到 147 所，但是从入围院校 A− 以上一级学科的平均数来看，第四轮学科评估明显高于 2012 年学科评估。按照获得 A+ 一级学科数进行院校排序，列前 10 位的院校的位次虽然有所变动，但入围院校

基本稳定，只有一所院校新进入前 10 位，一所学校退出前 10 位。按照 A– 以上一级学科数进行院校排序，列前 11 位的院校的位次有变动，但入围院校基本稳定，退出和新进入的院校分别只有两所。两次评估结果的对比分析显示，最顶端的高水平学科仍然集中在极少数院校，院校办学实力的差距仍很明显；我国排在最前列的院校的学科竞争总体态势相对稳定，变化幅度不大；学科评估排名的变化反映了高校学科建设、科学研究和社会服务的成效，但学科评估的目的、指标体系的选择等方面的特殊性与局限性表明学科评估只是对学科发展水平与质量的评价途径之一，并且只是从某些特定的方面反映学科建设水平，不能以一次排名先后来论成败，关键是看发展态势；学科评估排名的变化说明高等学校、学科之间的竞争日益加剧，不进则退，随着新的学科方向的不断涌现，人才流动的加速，学科平台建设的快捷，学科之间的核心优势和相对优势必然处于波动之中；随着我国高等教育实力的整体提升，优势学科的院校聚集效应必然发生变化，将有更多的院校涌现出优势明显、特色突出的高水平学科，进入优势学科院校行列。

覆盖5个以上领域的有7所院校，覆盖4个以上领域的有19所院校，覆盖3个以上领域的有29所院校

二是如何优化结构。为了表征优势学科覆盖面，将 95 个一级学科分为人文社会科学、经管法（只含法学一级学科）、理学、工学、农林、医学 6 个领域。就各院校获得的 A+ 一级学科而言，北京大学、浙江大学覆盖 5 个领域，清华大学、上海交通大学、武汉大学覆盖 4 个领域；就各院校获得的 A– 以上一级学科而言，浙江大学全覆盖 6 个领域，覆盖 5 个以上领域的有 7 所院校，覆盖 4 个以上领域的有 19 所院校，覆盖 3 个以上领域的有 29 所院校。这说明经过学科结构调整，我国已经涌现一批学科综合优势明显的高水平大学。高等学校学科建设优化结构要注意两个方面，其一涉及布局与体系问题，学科建设既要考虑学科的生态体系，形成相互支撑的学科群，又要重点突破一个、两个或几个核心优势学科，实现高原造峰，还要聚集学科特色优势合力，整体提升学科优质率；其二涉及优势学科变动问题，既要根据学校优势学科的变化情况进行学科布局的调整与优化，又要避免学校重点建设学科的频繁波动，破坏学科建设内在机制和

长效机制。

三是如何完善评估。学科评估是对具有博士硕士学位授予权的一级学科进行的整体水平评估，是以第三方方式开展的非行政性、服务性评估项目，实行"自愿申请、免费参评"原则，不同于政府开展的合格性评估，业已成为第三方评估的品牌项目，是高等教育管办评分离改革的成功探索。要进一步推进管办评分离和放管服改革，构建政府、学校、社会之间新型关系，厘清政府、学校、社会之间的权责关系，构建三者之间良性互动机制。简政放权，要求科学有效的高等教育评估的有力支持，一方面要创新监管方式和手段，通过行政执法、督导、巡视、"双随机"抽查、第三方评估等加强事中事后监管，切实履行监管职责；另一方面要创新研究生教育评估，通过客观、科学、公开、公正的评价增强教育工作针对性、有效性，提高政府决策的科学性、合理性。研究生教育评估要综合考虑各方面各维度的绩效表现，既包括现有什么的横向和纵向比较，比如优质资源的聚集与社会声望的提升；又包括应有什么的内部和外部分析，比如满足国家与区域战略需求的能力与程度；还包括应干什么的质量和效益分析，比如研究生的受益面、受益程度，研究生享受的教育服务的质量及其满意度等。

研究生教育要开发相应的大数据，以**大数据支撑研究生教育**改革、发展与治理

2015 年 9 月来自 15 个国家的代表在全球领导战略峰会上讨论了"大数据对研究生教育的影响"并在会后形成《全球研究生教育行动指南》，旨在帮助研究生院、政府机构等研究生教育的利益相关者在大数据时代提高研究生教育的效力提供决策依据。我国积极实施国家大数据战略，促进大数据的技术研发和应用，推进数据资源整合和开放共享，加快建设数字中国。研究生教育要开发相应的大数据，以大数据支撑研究生教育改革、发展与治理。具体而言，要抓住数据红利和技术红利，充分利用现代信息技术捕捉和分析消费者的想法、需求，开发出新的评估产品和服务，从更多角度、更高效能来推进高等教育质量保障；要立足研究生教育改革发展，结合大数据开放提升教育治理能力，优化研究生教育资源布局和配置，增强研究生教育质量保障能力，加快内涵式发展转型。

第二章 研究生教育质量数析

2017年，党的十九大报告提出，"要加快一流大学和一流学科建设，实现高等教育内涵式发展"，对研究生教育内涵发展和质量提升提出了更高要求。

一、研究生教育发展基本概况[①]

可招收培养研究生的高校为578所，占本科院校数量的46.5%

2017年，全国共有研究生培养单位815家，比2016年增加22家。培养单位中有普通高校578家，比2016年增加2家，科研机构237家，比2016年增加20家。2017年全国共有本科院校1243所，可招收培养研究生的高校为578所，占本科院校数量的46.5%。

2017年在校研究生共计2639561人，专业学位研究生首次在研究生总体中占比超过50%

在校研究生人数超过260万人。根据教育部新的统计口径[②]，2017年在校研究生共计2639561人。其中，博士研究生共计361997人，占比13.71%；硕士研究生2277564人，占比86.29%。按学位类型区分，学术学位研究生共计1289020人，占比48.83%；专业学位研究生1350541人，占比51.17%，专业学位研究生首次在研究生总体中占比超过50%。在校研究生中，学术学位博士研究生占13.35%，专业学位博士研究生占0.36%；学术学位硕士研究生占35.48%，专业

---

① 2017年教育数据统计来自教育部发展规划司编印的《中国教育事业发展统计简况》.

② 2017年，研究生招生、在校生指标内涵发生变化，招生包括全日制和非全日制；在校生、授予学位数包括全日制、非全日制和在职人员攻读硕士学位学生.

学位硕士研究生占 50.80%。2017 年在校研究生构成如图 2-1 所示。

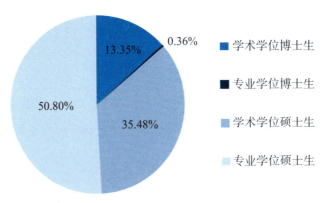

图2-1　2017年在校研究生构成

2017年研究生招生人数首次突破80万人，招收研究生人数最多的是工学，共282095人，占比34.99%

　　研究生招生人数首次突破 80 万人。2017 年共招收研究生 806103 人。按招收层次分，全年共招收博士研究生 83878 人，硕士研究生 722225 人。招收的硕士研究生中，专业学位硕士研究生占比为 55.68%。从各学科招生人数来看，2017 年招收研究生人数最多的是工学，招收研究生 282095 人，占比 34.99%。招生规模排名第二位和第三位的分别是管理学和医学，分别占比为 15.00% 和 10.74%。2017 年，分学科招收研究生人数和比例详见表 2-1 和图 2-2。

表2-1　2017年分学科招收研究生人数

学科门类	研究生/人	博士研究生/人	硕士研究生/人
哲学	4352	914	3438
经济学	34732	2980	31752
法学	51056	4098	46958
教育学	55115	1585	53530
文学	35776	2681	33095
历史学	6142	1092	5050

续表

学科门类	研究生/人	博士研究生/人	硕士研究生/人
理学	70081	17481	52600
工学	282095	32470	249625
农学	34317	3747	30570
医学	86539	11348	75191
军事学	92	12	80
管理学	120894	4669	116225
艺术学	24912	801	24111
合计	806103	83878	722225

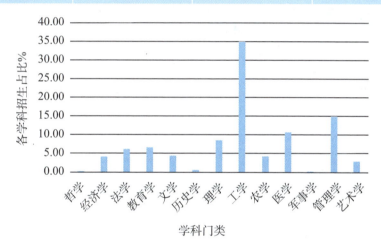

图2-2 2017年各学科门类招收研究生所占比例

2017年共毕业研究生578045人，同比增加2.50%

毕业研究生人数稳中有增。2017年共毕业研究生578045人，同比增加2.50%。毕业研究生中，博士毕业生58032人，硕士毕业生520013人，毕业研究生人数最多的是工学，有近20万人。除工学外，毕业研究生超过5万人的学科门类还有管理学（76147人）、医学（66869人）、理学（53133人）。毕业研究生5000人以下的学科门类包括军事学（203人）、哲学（3984人）、历史学（4626

人）。2017年分学科毕业研究生人数和比例详见表2-2和图2-3。

表2-2　2017年分学科毕业研究生人数

学科门类	毕业研究生/人	毕业博士研究生/人	毕业硕士研究生/人
哲学	3984	692	3292
经济学	27788	2152	25636
法学	40753	2839	37914
教育学	33932	1028	32904
文学	31644	1940	29704
历史学	5357	731	4626
理学	53133	12208	40925
工学	198548	20492	178056
农学	20770	2654	18116
医学	66869	9567	57302
军事学	203	31	172
管理学	76147	3140	73007
艺术学	18917	558	18359
合计	578045	58032	520013

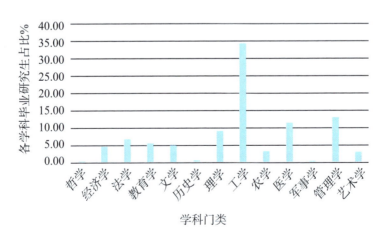

图2-3　2017年各学科门类毕业研究生所占比例

研究生指导教师数量首次突破40万

研究生指导教师数量首次突破 40 万人。2017 年全国共有研究生指导教师 403135 人，导师数量首次超过 40 万人，同比增长 6.38%。从专业技术职称来看，研究生指导教师中有正高级职称 191716 人，副高级职称 182004 人，中级职称 29415 人。从指导关系来看，共有博士生指导教师 20040 人，硕士生指导教师 307271 人，博士、硕士生指导教师 75824 人。2017 年全国研究生指导教师分类结构如图 2-4 所示。

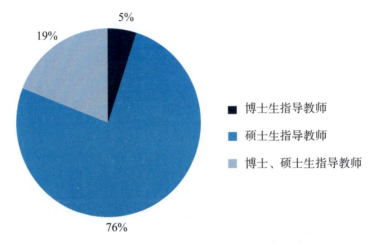

图2-4 2017年全国研究生指导教师分类结构

2016年全国普通高等学校生均公共财政预算教育事业费支出为18747.65元，同比增长3.33%

高校生均公共财政预算教育事业费支出持续增长，省域间的差距缩小。2016 年，全国国内生产总值为 744127.2 亿元，国家财政性教育经费占国内生产总值比例为 4.22%，比上年的 4.26% 略有下降。2016 年，全国教育经费总投入为 38888.39 亿元，同比增长 7.64%，总量增长，但增速下降。2016 年，全国普通高等学校生均公共财政预算教育事业费支出为 18747.65 元，同比增长 3.33%；2016 年高校生均公共财政预算教育事业费排在前三名的地区分别是北京市（55687.68

元）、西藏自治区（33384.17 元）和上海市（30292.80 元），排在后三名的地区分别是四川省（12236.78 元）、湖南省（12281.82 元）和河南省（12601.16 元）。2016 年，北京等 12 个省、自治区、直辖市为负增长，其他地区为正增长，增幅最大的是青海省（25.66%），增长率超过 10% 的地区还有河北省（17.93）、山西省（16.80%）、甘肃省（16.19%）、广东省（14.45%）、湖北省（13.17%）、浙江省（10.74%）、湖南省（10.28%）。①

试验发展（R&D）经费达**15676.7亿**元，同比增长**10.6%**

研究与试验发展（R&D）经费持续快速增长。2016 年，全国共投入研究与试验发展（R&D）经费达 15676.7 亿元，同比增长 10.6%，增速加快；R&D 经费投入强度（与国内生产总值之比）为 2.11%，连续四年超过 2%。按研究与试验发展人员（全时工作量）计算，人均经费为 40.4 万元，比上年增加 2.7 万元。按研究活动类型分，2016 年全国用于基础研究的经费为 822.9 亿元，同比增长 14.9 %，保持高速增长态势；应用研究经费支出 1610.5 亿元，同比增长 5.4 %；试验发展经费支出 13243.4 亿元，同比增长 11.1 %。基础研究、应用研究和试验发展占研究与试验发展（R&D）经费总支出的比重分别为 5.2%、10.3% 和 84.5%。按活动主体分析，各类企业经费支出为 12144 亿元，同比增长 11.6 %；政府属研究机构经费支出 2260.2 亿元，同比增长 5.8 %；高等学校经费支出 1072.2 亿元，突破千亿元，同比增长 7.4 %。企业、政府属研究机构、高等学校经费支出所占比重分别为 77.5%、14.4% 和 6.8%。②

提高博士研究生国家助学金补助标准

研究生资助政策进一步完善，资助标准有所提高。2017 年，研究生资助政

① 中华人民共和国教育部，中华人民共和国国家统计局，中华人民共和国财政部.关于2016年全国教育经费执行情况统计公告 [EB/OL]. [2017-10-17].http：//www.moe.gov.cn/srcsite/A05/s3040/201710/t20171025_317429.html.

② 中华人民共和国国家统计局，中华人民共和国科学技术部，中华人民共和国财政部.2016年全国科技经费投入统计公报 [EB/OL].[2017-10-10]. http：//www.stats.gov.cn/tjsj/zxfb/201710/t20171009_1540386.html.

策方面有新的改革举措。根据教育部公布的《2017 年中国学生资助发展报告》，2017 年研究生资助政策进一步完善，资助标准有所提高。在研究生资助政策覆盖面方面，2017 年 4 月，财政部、教育部、人民银行、银监会联合发文《关于进一步落实高等教育学生资助政策的通知》，提出进一步完善高等教育学生资助政策，在研究生奖助政策方面要求确保不留死角，明确科研院所、党校等高校之外的研究生培养单位也要全面落实研究生奖助政策，同时要求落实民办高校同等资助政策。在资助标准方面，落实《2017 年政府工作报告》提出的"提高博士研究生国家助学金补助标准"要求，提高了博士生的国家助学金资助标准，从 2017 年春季学期起，将地方高校博士生标准由每人每年不低于 10000 元提高至 13000 元，将中央高校博士生标准由每人每年 12000 元提高至 15000 元。资助政策体系构建方面，研究生资助体系包括国家奖学金、国家助学金、学业奖学金、"三助"岗位津贴、国家助学贷款，以及基层就业学费补偿贷款代偿、应征入伍国家资助、校内奖助学金及新生入学"绿色通道"等。在资助政策定位方面，2017 年，教育部党组在《高校思想政治工作质量提升工程实施纲要》中提出将资助育人纳入"十大育人体系"，要求建立国家资助、学校奖助、社会捐助、学生自助"四位一体"的发展型资助体系，旨在构建物质帮助、道德浸润、能力拓展、精神激励有效融合的资助育人长效机制。从具体资助范围和规模方面，研究生奖学金奖励硕士研究生 3.5 万人，奖励金额 7.00 亿元，奖励博士研究生 1.00 万人，奖励金额 3.00 亿元；研究生学业奖学金奖励研究生 143.47 万人，奖励金额 104.32 亿元；助学金资助研究生 219.94 万人，资助金额 117.19 亿元；研究生"三助"岗位津贴资助 168.33 万人次，资助金额 51.75 亿元。2014—2017 年，研究生学业奖学金、助学金和"三助"岗位津贴额度的覆盖面和总体额度都在稳定增长（具体见表 2-3）。①

研究生奖学金奖励硕士研究生3.5万人，奖励金额7.00亿元；奖励博士研究生1.00万人，奖励金额3.00亿元

①数据来自中华人民共和国教育部 2014—2017 年各年度《中国学生资助发展报告》.

表2-3　研究生所获资助情况统计

年份	国家奖学金		学业奖学金		国家助学金		"三助"岗位津贴	
	奖励人数/万人	奖励人数/万人	奖励人数/万人	奖励金额/亿元	资助人数/万人	资助金额/亿元	资助人次/万人次	资助金额/亿元
2014	4.5	10	64.76	39.05	208.63	55.68	118.14	28.84
2015	4.5	10	100.31	70.41	314.23	106.11	137.43	36.33
2016	4.5	10	132.18	93.25	174.58	109.93	164.93	45.39
2017	4.5	10	143.47	104.32	219.94	117.19	168.33	51.75

二、2017年研究生教育质量分析[①]

在《统筹推进世界一流大学和一流学科建设总体方案》《统筹推进世界一流大学和一流学科建设实施办法（暂行）》等"双一流"建设政策推动下，2017年9月教育部正式公布"双一流"名单，各省、各校"双一流"建设不断推进，各研究生培养单位借此契机，加速提升研究生教育质量，推进研究生教育内涵发展。

（一）研究生招生规模持续扩张

我国研究生招生规模持续扩张，2017年研究生招生较上2016年增长 20.84%

近年来，我国研究生招生规模持续扩张。2009—2016年，研究生招生规模年均增长约为4%。这一趋势在2017年大幅度改变，2017年研究生招生较上一年增长20.84%。主要原因是在统计口径中，招生数包含全日制和非全日制研究生；在校生、授予学位数包含全日制、非全日制研究生和在职人员攻读硕士学位学生。统计口径的变化，使硕士研究生招生人数从589812人增长到722225人，

---

① 数据来自中华人民共和国教育部发展规划司编印的《中国教育事业发展统计简况2017》.

增长率达 22.45%，博士研究生招生规模从 77252 人增长到 83878 人，增长了 8.58%。招生增长情况如表 2-4 及图 2-5、图 2-6、图 2-7、图 2-8 所示。

42所"一流大学建设高校"招收硕士研究生20.21万人，约占全国硕士招生比例的28%；招收博士研究生4.22万人，约占全国博士招生比例的50%

根据教育部 2018 年"双一流"建设管理干部研讨班的专家报告，2017 年，42 所"一流大学建设高校"招收硕士研究生 20.21 万人，约占全国硕士招生比例的 28%；招收博士研究生 4.22 万人，约占全国博士招生比例的 50%。95 所"一流学科建设高校"招收硕士研究生 21.5 万人，约占全国硕士招生比例的 32%；招收博士研究生 2.69 万人，约占全国博士招生比例的 32%。从以上数据可以看出，"双一流"建设高校承担着全国八成以上博士研究生、六成以上硕士研究生的培养任务，是研究生培养的重要基地。

表2-4　2006—2017年研究生招生及在校研究生规模增长情况

（单位：人）

年份	研究生招生	博士研究生招生	硕士研究生招生	在校研究生	在校博士研究生	在校硕士研究生
2006	397925	55955	341970	1104653	208038	896615
2007	418612	58022	360590	1195047	222508	972539
2008	446422	59764	386658	1283046	236617	1046429
2009	510953	61911	449042	1404942	246319	1158623
2010	538177	63762	474415	1538416	258950	1279466
2011	560168	65559	494609	1645845	271261	1374584
2012	589673	68370	521303	1719818	283810	1436008
2013	611381	70462	540919	1793953	298283	1495670
2014	621323	72634	548689	1847689	312676	1535013
2015	645055	74416	570639	1911406	326687	1584719

年份	研究生招生	博士研究生招生	硕士研究生招生	在校研究生	在校博士研究生	在校硕士研究生
2016	667064	77252	589812	1981051	342027	1639024
2017	806103	83878	722225	2639561	361997	2277564

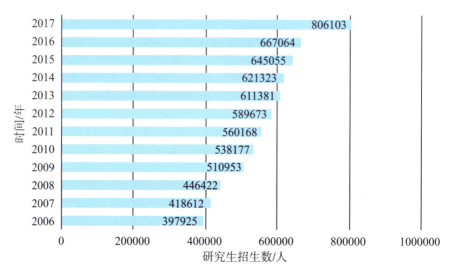

图2-5　2006—2017年研究生招生规模增长情况

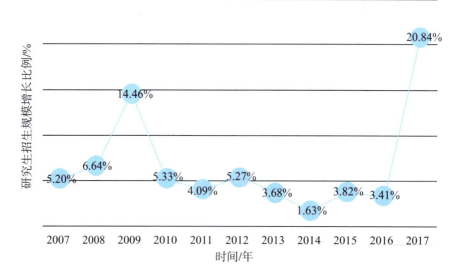

图2-6　2007—2017年研究生招生规模增长比例

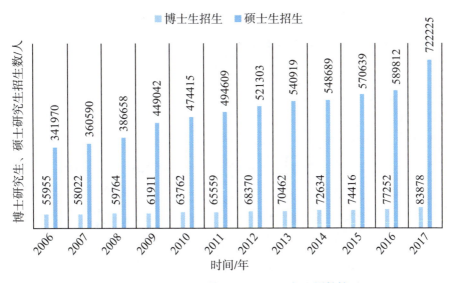

图2-7　2006—2017年博士生、硕士生招生增长情况

图2-8　2006—2017年博士生、硕士生招生增长比例

（二）研究生就业质量稳中有升[①]

从 2013 年起，教育部制定了就业质量报告发布制度，要求各高校要编制、

————————

① 数据来自各校官网公布的《2017 届毕业生就业质量年度报告》.

公开发布本校毕业生就业质量年度报告。此后，全国各高校陆续发布 2014 届、2015 届、2016 届、2017 届毕业生的就业质量报告。

"双一流"建设高校研究生就业率超过95%的有81所

2017 年是我国"双一流"公布建设名单公布并开始进入实质性建设的年份。112 所公布研究生总体就业率的"双一流"建设高校数据显示，研究生就业率超过 95% 的有 81 所，超过 99% 的有 18 所。其中，就业率排名前十的高校分别是南京邮电大学（100.00%）、北京邮电大学（99.96%）、华东理工大学（99.83%）、南京航空航天大学（99.76%）、南京理工大学（99.76%）、上海大学（99.73%）、华南理工大学（99.73%）、中央财经大学（99.71%）、北京中医药大学（99.61%）、中国人民大学（99.59%）；研究生就业率低于 90% 的高校有 10 所，分别是上海外国语大学（89.24%）、华中师范大学（88.99%）、东南大学（88.56%）、东北林业大学（88.06%）、南昌大学（86.26%）、兰州大学（84.60%）、天津医科大学（84.49%）、苏州大学（81.61%）、贵州大学（81.44%）、延边大学（67.63%）。

世界一流大学建设高校研究生就业率超过95%的有32所

如表 2-5 所示，从 39 所公布研究生总体就业率数据的"世界一流大学建设高校"可知，32 所高校的研究生就业率超过 95%。其中，6 所高校在 99%以上，排名前三的高校是华南理工大学（99.73%）、中国人民大学（99.59%）、同济大学（99.35%）；硕士研究生就业率低于 90% 的高校有 2 所，分别是东南大学（88.56%）、兰州大学（84.60%）。从 33 所有硕士研究生、博士研究生就业分项数据的高校中，硕士研究生就业率超过 95% 的有 28 所。其中，研究生就业率排名前三的为西安交通大学（99.73%）、同济大学（99.66%）、中国人民大学（99.56%）；博士研究生就业率超过 95% 的有 24 所，就业率排名前三的分别为郑州大学（100.00%）、中国人民大学（99.74%）、西北工业大学（99.73%）。

表2-5 2017年"世界一流大学建设高校"毕业研究生就业率一览

序号	学校	硕士毕业数/人	硕士就业率/%	博士毕业数/人	博士就业率/%	研究生毕业数/人	研究生就业率/%
A类							
1	北京大学	3604	99.31	1213	99.18	4817	99.28
2	中国人民大学	3400	99.56	758	99.74	4158	99.59
3	清华大学	2554	98.60	1385	98.00	3939	98.39
4	北京航空航天大学	2845	99.05	437	97.94	3282	98.90
5	北京理工大学	2818	98.86	553	97.83	3371	98.69
6	中国农业大学	1716	96.39	692	96.68	2408	96.47
7	北京师范大学	3476	96.52	623	95.76	4099	96.40
8	中央民族大学	—	—	—	—	—	—
9	南开大学	2982	95.77	747	88.49	3729	94.31
10	天津大学	3444	99.39	542	98.71	3986	99.30
11	大连理工大学	2689	—	273	—	2962	95.14
12	吉林大学	5340	91.16	904	85.18	6244	90.29
13	哈尔滨工业大学	3047	98.00	538	98.70	3585	98.11
14	复旦大学	3532	98.24	1230	97.97	4762	98.17
15	同济大学	3492	99.66	648	97.69	4140	99.35
16	上海交通大学	3730	99.01	1265	98.50	4995	98.88
17	华东师范大学	2904	95.08	495	93.94	3399	94.91
18	南京大学	3813	98.77	948	97.68	4761	98.55
19	东南大学	3801	90.40	1111	82.27	4912	88.56
20	浙江大学	4360	98.72	1575	97.14	5935	98.30
21	中国科学技术大学	2835	98.20	849	98.10	3684	98.18
22	厦门大学	2727	97.50	210	91.90	2937	97.10
23	山东大学	4045	95.77	598	96.82	4643	95.91
24	中国海洋大学	2155	96.89	271	96.68	2426	96.87

续表

序号	学校	硕士毕业数/人	硕士就业率/%	博士毕业数/人	博士就业率/%	研究生毕业数/人	研究生就业率/%
25	武汉大学	4992	97.78	1033	95.84	6025	97.45
26	华中科技大学	5217	96.02	1140	94.65	6357	95.77
27	中南大学	4375	—	971	—	5346	98.82
28	中山大学	3666	96.60	938	95.80	4604	96.44
29	华南理工大学	3462	—	310	—	3772	99.73
30	四川大学	5081	96.87	1138	97.28	6219	96.94
31	电子科技大学	3433	—	274	—	3707	97.36
32	重庆大学	3741	97.91	455	98.46	4111	97.97
33	西安交通大学	2960	99.73	729	95.20	3689	98.83
34	西北工业大学	2445	99.02	369	99.73	2814	99.11
35	兰州大学	2752	84.30	319	87.15	3071	84.60
36	国防科技大学	—					
	B类						
1	东北大学	3219	—	344	—	3563	95.60
2	湖南大学	3129	97.76	218	94.50	3347	97.55
3	西北农林科技大学	1941	—	293	—	2234	96.96
4	云南大学	2617	94.57	283	92.23	2900	94.34
5	新疆大学						
6	郑州大学	3970	92.64	123	100.00	4093	92.86

备注：①表中数据来源于 42 所"世界一流大学建设高校"公布的《2017 年毕业生就业质量报告》；②表中所选就业率数据为该校报告中采集时间靠后的数据，"—"表示未在公开资料中找到该校数据或该校报告中无相应数据

如表 2-6 所示，73 所公布研究生总体就业率数据的世界一流学科建设高校中，49 所高校的研究生就业率超过 95%，其中 12 所高校在 99% 以上，排名前三的高校是南京邮电大学（100.00%）、北京邮电大学（99.96%）、华东理工大

学（99.83%）；硕士研究生就业率低于90%的高校有8所，就业率排名最后三位的分别是苏州大学（81.61%）、贵州大学（81.44%）、延边大学（67.63%）。在47所有硕士研究生就业分项数据的高校中，硕士研究生就业率超过95%的有33所，其中就业率排名前三的为北京邮电大学（99.96%），中央财经大学（99.87%）、南京理工大学（99.77%）；在46所有博士研究生就业分项数据的高校中，博士研究生就业率超过95%的有31所，其中就业率达到100%的有北京邮电大学、南京航空航天大学、外交学院、合肥工业大学、中央音乐学院、宁波大学、河南大学、中国美术学院8所高校。

表2-6 2017年"世界一流学科建设高校"毕业研究生就业率一览

序号	学校	研究生毕业数/人	研究生就业率/%
1	北京交通大学	3034	98.73
2	北京工业大学	2059	98.54
3	北京科技大学	2759	98.48
4	北京化工大学	1819	98.13
5	北京邮电大学	2878	99.96
6	北京中医药大学	1005	99.61
7	首都师范大学	1858	97.74
8	北京外国语大学	842	95.14
9	中国传媒大学	1580	96.95
10	中央财经大学	1727	99.71
11	对外经济贸易大学	1697	99.30
12	外交学院	283	99.29
13	中央音乐学院	201	98.51
14	中国音乐学院	146	91.09
15	中央美术学院	325	99.38
16	中国政法大学	1935	97.31
17	天津医科大学	993	84.49

序号	学校	研究生毕业数/人	研究生就业率/%
18	华北电力大学	2304	98.18
19	太原理工大学	1525	90.43
20	辽宁大学	1899	96.84
21	大连海事大学	1453	96.01
22	延边大学	1137	67.63
23	东北师范大学	2909	97.87
24	哈尔滨工程大学	2266	95.85
25	东北农业大学	1181	95.68
26	东北林业大学	1315	88.06
27	华东理工大学	2359	99.83
28	东华大学	1932	98.39
29	上海海洋大学	666	98.95
30	上海外国语大学	1004	89.24
31	上海财经大学	1822	94.23
32	上海大学	3663	99.73
33	苏州大学	3142	81.61
34	南京航空航天大学	2478	99.76
35	南京理工大学	2842	99.76
36	中国矿业大学	2275	97.80
37	中国矿业大学(北京)	1531	96.67
38	南京邮电大学	1220	100.00
39	河海大学	2752	96.73
40	江南大学	1776	98.14
41	南京林业大学	1208	98.26
42	南京信息工程大学	885	94.92
43	南京农业大学	2662	94.33

续表

序号	学校	研究生毕业数/人	研究生就业率/%
44	南京中医药大学	1513	90.70
45	中国药科大学	1248	90.07
46	中国美术学院	337	95.55
47	安徽大学	1843	93.98
48	合肥工业大学	2151	98.46
49	福州大学	1729	97.86
50	南昌大学	2081	86.26（初次）
51	河南大学	2176	97.10
52	中国地质大学（北京）	1907	95.49
53	中国地质大学（武汉）	1909	97.27
54	武汉理工大学	3343	90.85
55	华中农业大学	1679	93.36
56	华中师范大学	3540	88.99
57	中南财经政法大学	2498	97.60
58	暨南大学	2433	97.45
59	广州中医药大学	972	90.73
60	海南大学	831	90.73
61	西南交通大学	2766	97.47
62	西南大学	3398	92.97
63	西南财经大学	2128	98.96
64	贵州大学	2080	81.44
65	西北大学	2160	93.66
66	西安电子科技大学	2750	99.16
67	长安大学	2104	96.91
68	陕西师范大学	3219	91.24
69	宁夏大学	885	93.45

续表

序号	学校	研究生毕业数/人	研究生就业率/%
70	中国石油大学（北京）	2029	97.34
71	中国石油大学（华东）	1729	97.05
72	宁波大学	1347	97.47
73	中国科学院大学	3684	98.18

备注：①表中数据来源于公开资料中能够查询到 73 所世界一流学科建设高校公布的《2017 年毕业生就业质量报告》；②表中所选就业率数据为该校报告中采集时间靠后的数据

（三）研究生参与科技创新规模继续增长[①]

研究生参加2017年当年获得资助的国家自然科学基金面上项目、青年科学基金项目、地区科学基金项目和重点项目累计148912人次

国家自然科学基金资助项目作为国家层面的高水平科研项目，每年都有一大批优秀研究生积极参与。根据国家自然科学基金委公布的《2017 国家自然科学基金资助项目统计资料》，按项目组成员组成统计，研究生参加当年获得资助的国家自然科学基金面上项目、青年科学基金项目、地区科学基金项目和重点项目累计 148912 人次。其中，博士研究生 59136 人次，硕士研究生 89776 人次。按照研究生参与项目类别分，2017 年博士研究生、硕士研究生累计参与人次最多的是面上项目，分别有 35869 人次、45707 人次。按照研究生参与比例分析，重点项目组成员中博士研究生比例最高，为 29.56%；地区项目组成员中硕士研究生比例最高，为 33.21%。研究生参与 2017 年国家自然科学基金项目的人次及比例详见表 2-7。

国家自然科学基金重点项目组成员中博士研究生比例高达29.56%

---

① 国家自然科学基金委员会. 2017 国家自然科学基金资助项目统计资料 [EB/OL]. [2017–12–28].http://www.nsfc.gov.cn/nsfc/cen/xmtj/pdf/2017_table.pdf.

表2-7 2017年研究生参与国家自然科学基金项目的人次及比例

项目类别	项目组成员中博士生参与情况		项目组成员中硕士生参与情况		研究生参与情况合计	
	人次	比例/%	人次	比例/%	人次	比例/%
面上项目	35869	23.99	45707	30.57	81576	54.56
青年项目	19058	16.99	33908	30.23	52966	47.22
地区项目	1452	6.06	7959	33.21	9411	39.27
重点项目	2757	29.56	2202	23.61	4959	53.17

备注：表中数据来自国家自然科学基金委员会编写的《2017年度国家自然科学基金资助项目统计资料》

（四）研究生导师规模持续快速增长

研究生导师队伍的数量、质量和结构是保证研究生教育质量的核心支撑条件。10年间，我国研究生导师从2007年的260465人增长到2017年的403135人，增长了95.66%，几乎翻倍。由于在校研究生统计口径变化，2017年的生师比为6.5：1，该比值是2007年以来最高值。为此，研究生指导教师的规模应进一步增加，以满足不断扩大的研究生招生规模要求。研究生导师和在校研究生增长情况及生师比变化情况详见表2-8与图2-9。

表2-8 2007—2017年研究生导师和在校研究生数及生师比情况

年份	研究生导师数/人	在校研究生数/人	生师比
2007	206034	1195047	5.8：1
2008	223944	1283046	5.7：1
2009	239857	1404942	5.9：1
2010	260465	1538416	5.9：1
2011	272487	1645845	6.0：1
2012	298438	1719818	5.8：1

续表

年份	研究生导师数/人	在校研究生数/人	生师比
2013	315815	1793953	5.7：1
2014	337139	1847689	5.5：1
2015	363218	1911406	5.3：1
2016	378947	1954755	5.2：1
2017	403135	2639561	6.5：1

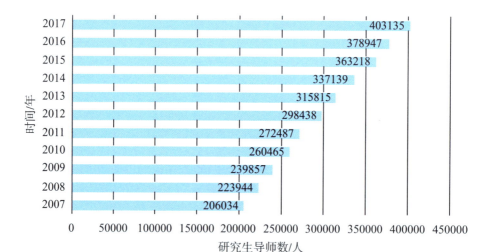

图2-9　2007—2017年研究生导师数的增长情况

从研究生导师的职称结构方面分析，2017年，正高级、副高级职称教师占比分别为47.56%、45.15%，高级职称教师占研究生指导教师的主体。从数量上分析，中级职称教师是研究生指导教师的主要增长方面。2017年，中级职称的研究生导师达到29415人，比2010年的7469名增加了约2.94倍，这意味着研究生导师资格与高级职称之间的关系在逐步弱化。研究生导师职称结构情况如图2-10所示。

2017年中级职称的研究生导师达到29415人，是2010年的2.94倍

图2-10　研究生导师职称结构情况

（五）专业学位招生占比进一步提高

2017年在校专业学位研究生为135.05万人，占在校研究生数的51.2%

　　自《国家中长期教育改革和发展规划纲要（2010—2020年）》提出"加快发展专业学位研究生教育"以来，专业学位作为研究生教育的一个突破口获得了快速发展。2017年，我国开展了在职研究生非全日制改革，专业学位研究生招生规模显著扩大，招生规模较比上年增长43.4%，招生人数超过40万人，占研究生招生总量的50.2%。2017年，在校专业学位研究生为135.05万人，占在校研究生数的51.2%。2017年，在校专业学位研究生是2009年的10.5倍。2009—2017年专业学位研究生具体情况如表2-9、图2-11所示。

表2-9　2009—2017年专业学位研究生统计数据

年份	研究生招生总数/人	专业学位招生数/人	专业学位招生占比/%	在校研究生数/人	专业学位在校生数/人	专业学位在校生占比/%
2009	510953	72239	14.1	1404942	128325	9.1
2010	538177	119299	22.2	1538416	221664	14.4
2011	560168	159942	28.6	1645845	338042	20.5

续表

年份	研究生招生总数/人	专业学位招生数/人	专业学位招生占比/%	在校研究生数/人	专业学位在校生数/人	专业学位在校占比/%
2012	589673	198883	33.7	1719818	449674	26.1
2013	611381	228578	37.4	1793953	546386	30.5
2014	621323	240762	38.7	1847689	612854	33.2
2015	645055	263642	40.9	1911406	673000	35.2
2016	667064	282331	42.3	1981051	736301	37.2
2017	806103	404804	50.2	2639561	1350541	51.2

图2-11　2009—2017年专业学位研究生增长情况

（六）来华留学研究生规模持续扩大①

留学生是教育国际化的重要观测指标。近年来，我国逐步形成了全方位多层次宽领域的教育对外开放格局，日益成为亚洲重要的留学目的国，有力地促进了中外人文交流。据教育部公布数据，2017年共有48.92万名外国留学生在我国高

① 本节部分内容摘自教育部网站2018年3月30日发布的新闻《出国留学人数首次突破60万人高层次人才回流趋势明显 2017年出国留学、回国服务规模双增长》。[EB/OL].[2018-03-29].http：//www.moe.gov.cn/jyb_xwfb/gzdt_gzdt/s5987/201803/t20180329_331771.html.

等院校学习，规模增速连续两年保持在 10% 以上，其中学历生 24.15 万人，占总数的 49.38%，同比增幅 15.04%。教育部在 2010 年制定的《留学中国计划》中曾提出，"到 2020 年来华留学生人数要达到 50 万人，其中接受高等教育学历教育的留学生人数要达到 15 万人"。按照目前的来华留学发展趋势，我国有望提前完成这一任务。总体来说，2017 年来华留学工作扎实稳步有序推进，总体发展态势总体良好。2009—2016 年来华留学研究生基本情况详见表 2-10。

表2-10　2009—2016年来华留学研究生基本情况

年份	来华留学数/人	学历教育数/人	研究生数/人	硕士研究生数/人	博士研究生数/人
2009	238184	93450	18978	14227	4751
2010	265090	107432	24866	19040	5826
2011	292611	118837	30376	23453	6923
2012	328330	133509	36060	27757	8303
2013	356499	147890	40602	30828	9774
2014	377054	164394	47990	35876	12114
2015	397635	184799	53572	39205	14367
2016	442773	209966	63867	45816	18051

备注：2009—2013 年数据来自教育部国际合作与交流司编写的各年度《来华留学生简明统计》，2014—2016 年数据来自教育部官网公开发布的全国来华留学生数据；2017 年暂未公布确切数据

2017年外国留学硕士和博士研究生共计约**7.58**万人，比2016年增加**18.62%**

据教育部官方数据统计，2017 年共有来自 204 个国家和地区的各类外国留学人员在全国 31 个省、自治区、直辖市的 935 所高等院校学习，其中硕士和博士研究生共计约 7.58 万人，比 2016 年增加 18.62%。与 2016 年相比，前 10 位生源国稳中有变，依次为韩国、泰国、巴基斯坦、美国、印度、俄罗斯、日本、印度尼西亚、哈萨克斯坦和老挝。随着"一带一路"倡议的实施，"一带一路"沿

线国家留学生 31.72 万人，占总人数的 64.85%，增幅达 11.58%，高于各国平均增速。北京、上海、江苏、浙江等东部 11 省、直辖市来华留学生共计 34.19 万人，占总数的 69.88%。

表2-11　2009—2016年留学研究生的相对数量及增长情况

年份	留学研究生占留学生总体比例/%	留学研究生占学历教育留学生比例/%	留学硕士研究生和博士研究生之比	留学研究生增长率/%	留硕士研究生增长率/%	留学博士研究生增长率/%
2009	7.97	20.31	2.99	32.89	37.15	21.57
2010	9.38	23.15	3.27	31.03	33.83	22.62
2011	10.38	25.56	3.39	22.16	23.18	18.83
2012	10.98	27.01	3.34	18.71	18.35	19.93
2013	11.39	27.45	3.15	12.59	11.06	17.72
2014	12.73	29.19	2.96	18.20	16.37	23.94
2015	13.47	28.99	2.73	11.63	9.28	18.6
2016	14.42	30.42	2.54	19.22	16.86	25.64

注：2009—2016 年数据来自教育部公布的来华留学生数据统计；2017 年暂未公布确切数据

中国政府奖学金硕博研究生合计**4.08**万人

近年来，我国政府奖学金吸引力不断提升，引领来华留学向高层次、高质量发展。2017 年共有来自 180 个国家的 5.86 万名中国政府奖学金生在华学习，占总数的 11.97%。其中，学历生 5.16 万人，占奖学金生总数的 88.02%；硕士研究生与博士研究生合计 4.08 万人，占奖学金生总数的 69.57%，比 2016 年增加了 20.06%。

值得关注的是，来华留学生的学科分布更加合理，学习文科类专业的学生数量仍排名首位，占总人数的 48.45%；学习工科、管理、理科、艺术、农学的学生数量增长明显，同比增幅均超过 20%。此外，2017 年来华留学生中，自费生达 43.06 万人，占总数的 88.03%。

三、2017年研究生教育质量指数构建

研究生教育质量指数是以科学的质量观为指导、以大数据为基础、以服务利益相关者需求为目标的研究生教育质量监测评估结果。通过质量指数方式监测、研判研究生教育质量，对完善研究生教育发展政策、保障研究生教育质量具有重大的时代意义。2017年1月，教育部、国务院学位委员会制定的《学位与研究生教育发展"十三五"规划》提出："开展研究生教育大数据分析，加强质量监测与调控。"2017年9月，中共中央办公厅、国务院办公厅《关于深化教育体制机制改革的意见》中指出要建立健全教育评价制度、建立教育质量监测评估制度、建立教育质量监测评估体系、健全第三方评价机制、增强评价的专业性、独立性和客观性。在新的历史发展时期，我国要建成亚太区域研究生教育中心、建设研究生教育强国，很有必要构建国家层面的研究生教育质量指数，通过指数对研究生教育质量进行监测评估，对质量状况作出较为客观的研判，使之成为政府、社会公众以及研究生培养单位等各类利益相关者评判研究生教育质量的基础，并对国家研究生教育发展战略和重大政策的制定发挥参考作用。

（一）研究生教育质量指数构建的前期探索

王战军等在2012年提出院校层次研究生教育质量指数的基础上，又借鉴了国内外关于发展指数、质量指数的研究成果，于2016年在《中国研究生教育质量年度报告（2016）》中首次提出并构建了国家层面的研究生教育质量指数（Graduate Education Quality Index，GEQI），以反映不同时间研究生教育质量发展状态。该指数包括规模结构、资源支撑、培养过程、贡献度、国际化5个维度与8项观测指标[1]。作为前期探索性研究，报告中只计算了8项观测指标的分值，未赋权合成总的质量指数。在《中国研究生教育质量年度报告（2017）》中对该指数继续进行了改进，调整为7项观测指标，并通过各项观测指标的算术平均合成总指数，得到研究生教育质量指数为106.1，其意义为研究生教育质量处于稳

---

[1] 研究生教育质量报告编研组 . 中国研究生教育质量年度报告（2016）[M]. 北京：中国科学技术出版社 .2016:59—61.

步增长状态。[①]

（二）研究生教育质量指数构建的优化完善

前期探索性研究为研究生教育质量指数构建完善奠定了理论和实践基础，但也存在指数制定的目标模糊、框架体系的结构不稳定、维度指数计算方法不合理、指数结果意义解读欠规范等多方面不足。此外，《学位与研究生教育发展"十三五"规划》《博士硕士学位授权审核办法》《关于深化高等教育领域简政放权放管结合优化服务改革的若干意见》等与研究生教育密切相关的重要文件相继出台，高等教育评估也迈进了以监测评估为重要特征的新时代。[②] 因此，无论是教育实践，还是教育政策和教育评估理论，都对研究生教育质量指数构建、优化和完善提出了新视野、新要求、新需求。基于这一认识，本报告在前期探索性研究的基础上，对研究生教育质量指数构建进行优化和完善，提高质量指数自身的质量，为研究生教育质量保障和政策制定提供支持服务。[③]

1. 质量指数的完善

一是导向鲜明。研究生教育质量指数构建的逻辑出发点是科学的研究生教育质量观和发展观，这是指数构建的前提和基础。科学的研究生教育质量观要求从利益相关者的视角全面考察研究生教育质量，具有普遍性和时代性。科学的发展观则要求结合中国实践建立评价质量的尺度，具有特殊性和动态性。研究生教育质量指数构建的落脚点是要考虑指数的服务面向问题，这是指数构建的归宿。指数构建有其理论依据、基础和方法，但特点在于其实践应用性。因此，研究生教育质量指数构建要基于科学的质量观和发展观，建立符合时代要求、中国特色的框架体系，形成对国家教育政策取向、培养单位研究生培养方向、社会公众关注倾向有积极影响的价值导向。

二是结构分明。指数是由次级指数与基础指标共同构成，次级指数具有多个维度，有时还具有多重层次。作为研究生教育质量指数的次级指数，是研究生教育质量在某一维度上的体现，应能通过多个维度的有效组合形成结构化模型，为

---

① 王战军. 中国研究生教育质量年度报告（2017）[M]. 北京：中国科学技术出版社，2017：32—34.

② 王战军. 高等教育监测评估理论与方法 [M]. 北京：科学出版社，2017.

③ 王战军，唐广军. 研究生教育质量指数构建研究 [J]. 学位与研究生教育，2017（12）：44—49.

全面考察研究生教育质量提出明确的向度。每个末级、次级指数应通过可测量的一个或多个基础指标来表征。研究生教育质量指数、次级指数、基础指标共同形成一个层次化、结构化的指数模型，该模型可以清晰地反映出研究生教育质量体现在哪些维度，每个维度的测度指标是什么。

三是方法透明。研究生教育质量指数的数据来源、阈值选择、标准化技术、权重确定、指数合成等测度方法是公开透明的，可以接受学界和利益相关方的复核和审计。在基础指标方面，数据来源是公开的统计数据或者调研数据。通过基础指标获得次级指数的测度方法、通过次级指数合成总指数的方法均给予明确说明。通过公开的、明确的测度方法，确保研究生教育质量指数形成过程可审计，为感兴趣的研究者改进测度方法留下空间，甚至可以由利益相关者根据自身需求通过调整后的测度方法生成特定的指数形式。

四是结果简明。研究生教育质量指数的测度结果表现为一个数值及其在构建时所规定的意义。在数值方面，应是一个具有潜在比较意义的相对数值或比例值，如规定在0—1、1—100的数值，或者是一个百分数，可以在数量上反映研究生教育质量所处的状态。为便于理解，应该对不同研究生教育质量指数值给予规定的意义，如合格、不合格，或者是优、良、中、差等可理解、可感知的质量状态。准确把握研究生教育质量的内涵，通过简单的数值及其规定意义表达对研究生教育质量的总体评判结果，把难以测量的质量通过简明的数值反映出来，形成具有政策意义、社会感知意义的质量结果，以满足社会各界对研究生教育质量关注的需求。

2. 质量指数的实践构建

教育质量是一个多维的概念，同时也是相对的，并在纵向上具有时代性、横向方面具有地域性特征，不存在时空绝对的教育质量。研究生教育质量亦是如此，要结合中国社会历史发展背景和阶段来看待和评判研究生教育质量。根据前述的优化原则，可以从投入、产出、结构、国际化、满意度5个维度来反映研究生教育质量的内涵，并根据数据的针对性、导向性、可获得性等原则，选取生师比、就业率、专业学位硕士生招生占比、来华留学研究生占比、研究生总体满意度5项指标作为基础指标。完善后形成的研究生教育质量指数框架如表2-12所示。

对各项基础指标规定如下。①研究生生师比：教育部上年度教育事业统计数据中的在校研究生与研究生导师数量之比。②研究生就业率：收集教育部直属高校公布的上年度就业质量报告，通过数据分析得到研究生就业率的平均值，以该平均值作为研究生就业率指标。③专业学位硕士生招生占比：教育部上年度教育事业统计数据中专业学位硕士研究生招生占硕士生招生总数的比例。④来华留学研究生占比：教育部公布的上年度来华留学研究生数量与教育部上年度教育事业统计数据中的在校研究生之比。⑤研究生总体满意度：北京理工大学研究生教育研究中心上一年度的研究生满意度调查数据。

表2-12　研究生教育质量指数框架

总指数	维度次级指数	基础指标
研究生教育质量指数（GEQI）	投入指数	研究生生师比
	产出指数	研究生就业率
	结构指数	专业学位硕士生招生占比
	国际化指数	来华留学研究生占比
	满意度指数	研究生总体满意度

阈值选择及维度指数计算方法如下。①投入指数：结合近十年的教育统计数据，确定研究生生师比的最佳指标值为 4.5 : 1，用观测指标满足最佳指标的程度并转换为百分制来计算投入指数：投入指数 =[1−（生师比观测值 − 最佳值）/ 最佳值]×100。②产出指数：根据教育部直属高校公布的就业质量报告，选择公布有研究生毕业人数和就业率数据的高校，计算这部分高校研究生的平均就业率并转换为百分制来计算产出指数。③结构指数：根据《学位与研究生教育"十三五"规划》，选择专业学位硕士生招生占比的最佳值为 60%，用观测指标满足最佳指标的程度并转换为百分制来计算结构指数，即结构指数 =（专业学位硕士生招生占比观测值 / 最佳值）×100。④国际化指数：根据《学位与研究生教育"十三五"规划》，选择来华留学研究生占比 3% 为最佳值，用观测指标满足最佳指标的程度并转换为百分制来计算国际化指数，即国际化指数 =（来华留学研究生占比观测值 / 最佳值）×100。⑤满意度指数：根据北京理工大学研究生教育研究中心的满意度调研数据，用上一年度满意度数据转换为百分制作为满意度指数。所有计算结果保留到小数点后 1 位，当某一维度次级指数计算值大于 100 时按照

100 计。

质量指数合成及其规定意义：计算各维度指数的算术平均值即可得到研究生教育质量指数。为便于理解和感知，将质量指数合成结果高于 90 时，规定为"优秀"；高于 80、低于 90 时，规定为"良好"；高于 70、低于 80 时，规定为"一般"；高于 60、低于 70 时，规定为"及格"；低于 60 时，规定为"不及格"。

3. 2017 年研究生教育质量指数计算及其结果

依据上面构建的研究生教育质量指数框架和计算方法，选取 2016 年为指标数据基准年，计算得到投入指数为 84.4、产出指数为 95.9、结构化指数为 79.1、国际化指数为 100、满意度指数为 70.7。通过维度指数算术平均合成得到 2017 年研究生教育质量指数为 86.0，表明研究生教育质量处于良好状态，但质量的各个维度并不平衡，特别是研究生满意度指数处于中等偏下状态，是研究生教育质量的一块短板。

2017年研究生教育质量指数为86.0，表明研究生教育质量处于良好状态

四、研究生教育质量存在的问题分析

1. 研究生教育质量保障体系有待加强

研究生教育质量保障体系是确保研究生培养质量的重要途径。在"双一流"建设背景下，我国研究生教育质量保障存在着机制不够健全，体系运行效率不高的问题，严重制约了研究生培养质量的提高。"双一流"建设坚持以人才培养质量为核心，因此，在研究生教育中，应加快建设将监控贯穿培养全过程的研究生质量保障体系，内容涵盖研究生的招生、培养、论文、就业，涉及研究生的思想政治教育、课程学习、科学研究、综合实践等方方面面。同时，引入第三方监控与评价的方式，加强对研究生培养质量的问责机制，利用多种手段特别是大数据技术，健全完善研究生教育质量保障体系。

2. 培养单位内涵建设亟待加强

从 2017 年博士硕士学位授予单位的授权审核结果分析，尽管离上一次审核

间隔了将近十年的时间，但完全通过授权审核成为新增博士学位授予单位的只有北京工商大学、北京建筑大学、常州大学、浙江农林大学、西安石油大学、浙江财经大学、南方科技大学7所高校，完全通过授权审核成为新增硕士学位授予单位的只有北京石油化工学院、北京电子科技学院、湖州师范学院、重庆科技学院4所高校。在本次学位授权审核中，中国民航大学等21所新增博士学位授予单位、大同大学等25所新增硕士学位授予单位则需进一步加强建设，待国务院学位委员会的核查通过后，才能获得授权进行招生、培养和授予学位。新增单位的授权审核结果表明，院校层次的内涵发展很不充分，在不限定指标、按照条件标准进行申请授权的政策下，满足条件的单位数量极少，说明培养单位普遍在人才培养、师资建设、科技创新、办学经费等方面或多或少存在短板和不足，学校整体条件难以有效支撑和满足相应层次的研究生教育办学质量要求，亟待加强内涵建设。

3. 研究生导师队伍建设有待加强

全面落实研究生导师立德树人职责

研究生导师是研究生培养的关键力量，肩负着培养国家高层次创新人才的使命与重任。但是，一些高校对研究生导师队伍建设重视不够，对导师考核评价不严格，导师业务能力培训欠缺，导致部分自律意识不强的导师行为失范，不利于研究生培养，有的经媒体报道后还引发了社会关注。研究生导师承担着研究生教育的智育和德育的"双重职责"，一名好的导师，不仅是研究生学术道路上的指引者，也是研究生人生路途的领路人。因此，作为研究生培养单位的高校有责任重视和加强研究生导师队伍建设，特别是加强相关制度建设，全面落实研究生导师立德树人职责，建设政治素质过硬、师德师风高尚和业务素质精湛的导师队伍，确保导师尽职尽责。贯彻落实教育部《关于全面落实研究生导师立德树人职责的意见》，是当前导师队伍建设的核心任务。

4. 研究生课程建设有待加强

课程建设是保证研究生培养质量的重要内容。教育部在2014年专门制定出台了《关于改进和加强研究生课程建设的意见》，并于2014—2016年开展了课程建设试点。2016 年，教育部研究生司还委托国务院学位委员会各学科评议组开展了课程建设调研，有效促进了研究生课程建设质量提升。但是，研究生课程建设仍然存在诸多问题，课程建设的作用和地位没有得到应有重视，课程体系设计的科学性和合理性有欠缺，课程内容对研究生创新能力和实践能力培养的效果需要提升，课程目标与学位要求和社会需求之间存在失衡，专业学位和学术学位的研究生课程存在同质化倾向，核心课程和非核心课程之间没有进行有效区分，课程国际化程度不高，课程学习的支持环境不足，课程组织管理工作缺乏规范性。这些问题导致课程建设质量难以保证，课程建设在研究生培养过程的作用受到限制，进而影响研究生教育质量。

研究生课程建设仍然**存在诸多问题**

第三章　2017年度中国研究生教育质量事件、单位与人物

研究生教育质量的年度事件、示范单位与突出人物在一定程度上反映和体现了年度研究生教育质量的热点和社会关注点。本报告筛选出研究生教育领域的十大事件、一个研究生培养示范单位和一位年度人突出物，以此来呈现2017年度我国在提高研究生教育质量过程中采取的政策举措、实施成效及社会影响。

一、2017年度研究生教育质量事件

2017年，我国研究生教育面向新时代，以规划引领未来，以改革促进发展，主要围绕研究生教育发展规划、"双一流"内涵建设、学科专项评估、学位授权审核、学位点建设、人才培养质量等着力点继续深化改革，取得显著成效，为新时代研究生教育发展奠定了重要基础。2017年研究生教育领域十大事件如下。

（一）国家颁布《学位与研究生教育发展"十三五"规划》，绘制研究生教育改革与发展蓝图

2017年1月17日，根据党中央的总体要求和国务院关于"十三五"规划编制工作的总体部署，教育部、国务院学位委员会印发《学位与研究生教育发展"十三五"规划》（以下简称《规划》），明确了我国研究生教育的发展目标和发展思路、发展改革任务和保障措施，以适应新时期经济社会发展对高层次人才的需要，全面提高研究生教育质量。《规划》指出，"十三五"期间，我国研究生教育改革发展要继续坚持以服务需求、提高质量为主线，优化结构布局，改进培养模式，健全质量监督，扩大国际合作，推动培养单位体制机制创新，全面提升研究生教育水平和学位授予质量，加快从研究生教育大国向研究生教育强国迈进。《规划》提出了"十三五"期间研究生教育发展的主要任务是：主动适应需求，

动态调整优化结构；改革培养模式，提升创新和实践能力；健全质量评价，完善监督保障体系；扩大国际合作，提升国际影响力；统筹推进"双一流"建设，提升研究生教育整体实力；拓展育人途径，推动培养单位体制机制创新。为实现发展目标，《规划》从五个方面提出保障措施：（一）形成各方合力支持的投入保障机制；（二）强化导师培养责任和能力；（三）构建信息化支撑服务体系；（四）组织实施重大项目；（五）完善工作机制。①

为贯彻《学位与研究生教育发展"十三五"规划》的意见，各省纷纷出台相应措施。2017 年 3 月，广东省新增投入 300 亿元，先后启动高水平大学建设、高水平理工科大学建设、省市共建高校建设等重点工作，为贯彻落实《学位与研究生教育发展"十三五"规划》奠定良好基础。为了改善广东省高等教育发展不平衡不协调、发展质量不高的问题，广东省将着重在服务需求、提高质量两个方面下功夫。②2017 年 8 月 7 日，山东省印发《关于贯彻落实国家〈学位与研究生教育发展"十三五"规划〉的实施意见》，研究制定了"十三五"期间推动学位与研究生教育改革发展的措施，要求形成各方合力支持的保障措施，完善投入保障机制，加强导师队伍建设，构建信息化支撑服务体系。"十三五"期间将组织实施"山东省研究生教育创新计划""山东省研究生教育质量提升计划""博士研究生海外研修计划""研究生培养与学术交流平台建设"等一批重大项目。③

（二）国家公布"双一流"建设的实施办法和建设名单，推动高校及学科建设快速发展

2017 年 1 月 24 日，为贯彻落实党中央、国务院关于建设世界一流大学和一流学科的重大战略决策，根据国务院《统筹推进世界一流大学和一流学科建设总体方案》，教育部、财政部、国家发展改革委制定了《统筹推进世界一流大学和一流学科建设实施办法（暂行）》（以下简称《实施办法》）。《实施办法》的内

---

① 中华人民共和国教育部.教育部　国务院学位委员会关于印发《学位与研究生教育发展"十三五"规划》的通知 [EB/OL].[2017-01-20].http：//www.moe.gov.cn/srcsite/A22/s7065/201701/t20170120_295344.html.

② 中华人民共和国教育部. 紧贴社会发展需求培养人才[EB/OL].[2017-03-09].http：//www.moe.gov.cn/jyb_xwfb/moe2082/zl2017n/2017zl13/201703/t20170309298788.html.

③ 中华人民共和国教育部 . 山东省印发贯彻《学位与研究生教育发展"十三五"规划》的意见 [EB/OL].[2017-08-07].http：//www.moe.gov.cn/s78/A22/moe_847/201708/t20170807_310785.html.

容分总则、遴选条件、遴选程序、支持方式、动态管理、组织实施和附则七个部分。《实施办法》强调，要全面贯彻党的教育方针，坚持社会主义办学方向，按照"四个全面"战略布局和创新、协调、绿色、开放、共享发展理念，以中国特色、世界一流为核心，落实立德树人根本任务，以一流为目标、以学科为基础、以绩效为杠杆、以改革为动力，推动一批高水平大学和学科进入世界一流行列或前列。《实施办法》提出，要坚持以学科为基础，支持建设一百个左右学科，着力打造学科领域高峰。加强建设关系国家安全和重大利益的学科，鼓励新兴学科、交叉学科，布局一批国家急需、支撑产业转型升级和区域发展的学科，积极建设具有中国特色、中国风格、中国气派的哲学社会科学体系，着力解决经济社会中的重大战略问题，提升国家自主创新能力和核心竞争力。强化学科建设绩效考核，引领高校提高办学水平和综合实力。《实施办法》明确"双一流"建设每五年为一个建设周期，2016 年开始新一轮建设。建设高校实行总量控制、开放竞争、动态调整。

"双一流"建设每**五年**为一个建设周期，**2016年**开始新一轮建设 建设高校实行**总量控制、开放竞争、动态调整**

　　继《实施办法》公布后，经专家委员会遴选认定，2017 年 9 月 20 日，教育部、财政部、国家发展改革委印发了《关于公布世界一流大学和一流学科建设高校及建设学科名单的通知》（以下简称《通知》），公布世界一流大学和一流学科建设高校及建设学科名单。其中，入选一流大学建设高校共有 42 所，其中 A 类共 36 所，B 类共 6 所；入选一流学科建设高校共有 95 所。从学科数量看，北京大学共有 41 个学科入选，入选数量居于首位。其次是清华大学 34 个学科入选，浙江大学 18 个学科入选，复旦大学和上海交通大学各 17 个学科入选。从"双一流"高校的总数来看，入选前三位的省、直辖市分别是北京 34 所，其中一流大学 8 所，一流学科 26 所；江苏 15 所，其中一流大学 2 所，一流学科 13 所；上海 14 所，其中一流大学 4 所，一流学科 10 所。[1]《通知》强调，各单位要全面贯彻习

---

① 中华人民共和国教育部.关于公布世界一流大学和一流学科建设高校及建设学科名单的通知[EB/OL].
[2017-09-21]. http://www.moe.gov.cn/srcsite/A22/moe_843/201709/t20170921_314942.html.

近平总书记系列重要讲话精神和全国高校思想政治工作会议精神，按照党中央、国务院关于建设世界一流大学和一流学科的决策部署，以马克思主义为指导，加强党对高校的领导，坚持社会主义办学方向，坚持中国特色、世界一流，坚持内涵建设，采取有力措施，支持推动建设高校及建设学科加快发展，取得更大建设成效。

（三）国家颁布《博士硕士学位授权审核办法》，学位授权审核十年后再次启动

为做好博士硕士学位授权审核工作，保证学位授予和研究生培养质量，2017年3月13日，国务院学位委员会印发《博士硕士学位授权审核办法》（以下简称《审核办法》）。《审核办法》由总则、组织实施、新增博士硕士学位授予单位审核、新增博士硕士学位点审核、自主审核单位新增学位点审核、质量监管、附则七章内容构成。《审核办法》强调，学位授权审核要全面贯彻国家教育方针，围绕国家区域发展战略和经济社会发展，以服务需求、提高质量、推动研究生教育内涵发展为目的，依法依规进行。学位授权审核应当保证学位授予质量、服务社会发展需求、支撑研究生教育发展、激发培养单位活力，构建责权分明、统筹规划、分层实施、公正规范的制度体系。《审核办法》明确学位授权审核包括新增学位授权审核和学位授权点动态调整两种方式。新增学位授权审核分为新增博士硕士学位授予单位审核、学位授予单位新增博士硕士一级学科与专业学位类别审核、自主审核单位新增学位点审核。学位授权点动态调整是指学位授予单位根据需求，自主撤销已有博士硕士学位点，新增不超过撤销数量的其他博士硕士学位点的学位授权点调整行为。新增博士硕士学位授予单位申请基本条件、新增博士硕士学位点申请基本条件、自主审核单位申请基本条件由国务院学位委员会制定，每6年修订一次。而对服务国家重大需求、落实中央重大决策、保证国家安全具有特殊意义或属于填补全国学科领域空白的普通高等学校和学科，可适度放宽申请基本条件。①

---

① 中华人民共和国教育部，国务院学位委员会.关于印发《博士硕士学位授权审核办法》的通知[EB/OL].[2017-03-30].http：//www.moe.gov.cn/srcsite/A22/yjss_xwgl/moe_818/201703/t20170330_301525.html.

（四）全国第四轮学科评估结果公布，各个领域学科建设成效显著

2017 年 12 月 28 日，教育部学位与研究生教育发展中心（简称学位中心）公布了全国第四轮学科评估结果。学科评估在 95 个一级学科（不含军事学门类等 16 个学科）内开展范围，共有 513 个单位的 7449 个学科参评（比第三轮增长 76%）；全国高校具有博士学位授予权的学科有 94% 申请参评。

全国高校具有博士学位授予权的学科有94%申请参评

本轮学科评估共经历信息采集、信息核实、主观评价、权重确定、结果产生、结果发布六大环节。评估指标体系由"师资队伍与资源""人才培养质量""科学研究水平""社会服务与学科声誉"四个一级指标框架构成，共设置人文、社科、理工、农学、医学、管理、艺术、建筑、体育 9 套指标体系框架，每个学科设置不同的权重。

评估结果显示，党的十八大以来我国各个领域学科建设成效显著。一是全面分析研究生培养的规模化指标（学生人数、就业满意度、就业分布等）发现，我国研究生教育在支撑国家经济社会发展中的作用更加突出，高层次人才的供给水平稳步提升，研究生质量的社会认可度显著增强。二是深入分析学科科研投入性和产出性指标（经费投入、论文发表、重大项目攻关等）发现，我国科技自主创新能力和原创成果产出取得巨大突破，创新体系日趋完善，国际影响显著提升，学科融合不断深化，科研创新满足国家重大战略需求的能力明显增强。三是综合分析师资结构性指标（规模、年龄、学缘、国际化、教学成果等）发现，我国已初步建立规模与质量并重的专任教师队伍，专任教师在师德与能力、教学与科研方面得到全面发展，国际化水平显著提升。四是系统梳理代表性案例指标发现，我国高校面向社会需求积累"中国经验"的程度大幅提升，面向技术前沿解决"中国问题"的能力大幅提升，面向国家重大基础设施服务"中国工程"的水平大幅提高。我国研究生教育正朝着高质量、创新性、深层次、世界一流的目标稳步迈进。

（五）国家开展2017年学位授权点专项评估工作，提升高校学位点建设水平

2017 年 3 月 3 日，国务院学位委员会、教育部开展 2017 年学位授权点专项评估工作。专项评估由国务院学位委员会办公室负责，委托国务院学位委员会学科评议组（以下简称学科评议组）和全国专业学位研究生教育指导委员会（以下简称教指委）组织实施。

此次评估范围是 2013 年获得授权的学术学位授权点和专业学位授权点（以下简称参评点），评估主要检查参评点研究生培养体系的完备性，包括师资队伍（队伍结构、导师水平）、人才培养（招生选拔、培养方案、课程教学、学术训练或实践教学、学位授予）和质量保证（制度建设、过程管理、学风教育）等。具体评估指标与内容，由学科评议组、教指委结合人才培养特点分别制订。[①]

评估结果为"合格"的学位授权点，可继续行使学位授权。评估结果为"限期整改"的学位授权点，自发文之日起进行为期 2 年的整改，2018 年招生工作结束后暂停招生。整改结束后接受复评，复评结果为"合格"的恢复招生，复评结果达不到"合格"的撤销学位授权。限期整改的博士学位授权点，其同一学科的硕士学位授权点继续行使硕士学位授权并招收硕士研究生。其中，博士学位授权单位广西民族大学、海南师范大学和西藏大学的中国语言文学学科评估结果为限期整改；硕士学位授予单位太原师范学院、湖南理工学院、重庆三峡学院的中国语言文学学科和吉林化工学院的动力工程及工程热物理学科评估结果为限期整改。[②]

（六）教育部召开全国博士研究生教育综合改革试点会议

2017 年 7 月 20 日，教育部在厦门大学召开全国博士研究生教育综合改革试点座谈会。教育部党组成员、副部长杜占元出席会议并讲话，14 所入选综合改革试点大学的负责同志以及教育部有关司局负责同志参加会议。因近年来在研究生特别是博士研究生教育综合改革中的突出表现，厦门大学、清华大学、西安交通大学、天津大学等高校应邀在座谈会上做典型经验发言。

全国博士研究生教育综合改革试点工作，是教育部贯彻落实《教育部国家发展改革委财政部关于深化研究生教育改革的意见》文件精神，服务国家创新驱动

---

① 中华人民共和国教育部.国务院学位委员会 教育部关于开展2017年学位授权点专项评估工作的通知[EB/OL].[2017-03-03]. http://www.moe.edu.cn/s78/A22/A22_gggs/A22_sjhj/201703/t20170321_300333.html.

② 中华人民共和国教育部.国务院学位委员会 教育部关于下达2017年学位授权点专项评估结果及处理意见的通知[EB/OL].[2018-02-27].http://www.moe.edu.cn/s78/A22/A22_gggs/A22_sjhj/201803/t20180302_328436.html.

战略，推动试点单位深化博士研究生教育综合改革的一项重要举措。改革试点工作是在全国博士生培养高校中遴选 10 所左右博士生教育规模较大，质量较高，改革基础较好，改革意愿较强的高校。通过给予一系列的支持，推动试点单位进行大胆探索、先行先试，建设拔尖创新人才培养示范平台，着力破除制约博士研究生教育质量提高的体制机制障碍，为博士研究生教育综合改革提供政策样本，形成博士研究生教育发展的政策机制，持续提高博士研究生培养质量。

杜占元副部长在座谈会中指出，深化博士研究生教育综合改革，提高博士研究生培养质量，是研究生教育的大势所趋、形势所迫、问题所在；各试点高校要紧紧围绕"服务需求、提高质量"这一核心，按照"立德树人方向要正，服务需求站位要高，提高质量视野要宽"的总体要求，探索新形势下博士研究生教育内涵发展的新模式和新路子，根据自身特色和办学实际，创新性地提出有针对性的改革举措，力争通过工作取得显著成效，并探索形成可复制、可推广的成功经验，形成博士研究生教育发展的政策机制。

14所高校入选全国博士研究生教育综合改革试点单位

本次入选开展全国博士研究生教育综合改革试点工作的 14 所高校是：北京大学、清华大学、浙江大学、复旦大学、上海交通大学、南京大学、中国科学技术大学、哈尔滨工业大学、西安交通大学、中国人民大学、厦门大学、北京航天航空大学、天津大学和苏州大学。①

（七）国务院发文推进产教融合，大力支持培养创新创业人才

为深化产教融合，促进教育链、人才链与产业链、创新链有机衔接，国务院办公厅于 2017 年 12 月 19 日发布《关于深化产教融合的若干意见》（以下简称《意见》）。《意见》明确要求同步规划产教融合与经济社会发展，将教育优先、人才先行融入各项政策；统筹职业教育与区域发展布局，引导职业教育资源逐步向产业和人口集聚区集中；促进高等教育融入国家创新体系和新型城镇化建设，

---

① 14 所高校将开展全国博士研究生教育综合改革试点[EB/OL].[2017-07-20].http://www.jsgjxh.cn/news/detail/35638.

完善世界一流大学和一流学科建设推进机制，注重发挥对国家和区域创新中心发展的支撑引领作用；推动学科专业建设与产业转型升级相适应，建立紧密对接产业链、创新链的学科专业体系；健全需求导向的人才培养结构调整机制，强化就业市场对人才供给的有效调节。

《意见》提出要拓宽企业参与途径，深化"引企入教"改革，开展生产性实习实训，以企业为主体推进协同创新和成果转化，强化企业职工在岗教育培训，发挥骨干企业引领作用，逐渐提高企业参与办学程度。受这一利好政策的积极影响，高校应用性人才培养的空间和途径均得到进一步拓展和完善。

江苏省选聘五批次1000余名产业教授到高校任职

以江苏省为例，为深化校企合作，建立以需求为导向的创新人才培养模式，江苏省自 2010 年第一次开展产业教授选聘工作以来，截至目前已选聘五批次 1000 余名产业教授到高校任职，参与高素质应用性人才培养，涉及化工、信息、文化、金融、医药、农林等众多领域，惠及 89 所高校，辐射 1081 家企业，6000 多名研究生专业能力得到提升。经过 7 年持续推进，江苏产业教授选聘工作不仅得到省内高校的一致认可，而且在全国形成了品牌和影响。

（八）国家提高博士研究生助学金补助标准，调动青年高端人才积极性

2017 年 1 月 16 日，中共中央政治局常委、国务院总理李克强主持召开座谈会，中国科学院院士施一公提议提高博士研究生国家助学金补助标准，李克强总理当场同意并责成教育部和财政部抓紧研究落实。仅一个月的时间，提高博士研究生国家助学金补助标准被写进了政府工作报告，《财政部教育部关于进一步提高博士生国家助学金资助标准的通知》文件下发至各个高校以及科研院所。文件明确指出，从 2017 年春季学期起，提高全国研究生招生计划内的全日制博士生（有固定工资收入的除外）国家助学金资助标准，其中中央高校博士生从每生每年 12000 元提高到 15000 元。[①]

---

① 中国人民共和国国务院 . 总理政府工作报告中提到的这个目标已经落实 [EB/OL].[2017-04-10].http://www.gov.cn/premier/2017-04-10/content_5184055.htm.

提高博士生国家助学金资助标准是调动青年高端人才积极性、促进博士生人才培养的重要举措。文件强调，中央有关部门、各地区、高校等研究生培养机构要高度重视，按照《财政部教育部关于印发〈研究生国家助学金管理暂行办法〉的通知》等规定和本通知要求，迅速采取措施，确保落实到位。中央有关部门要及时批复年度预算，督促所属研究生培养机构及时做好博士生国家助学金发放工作。各省级财政部门和教育部门要尽快确定地方研究生培养机构博士生国家助学金具体资助标准，统筹使用中央财政已提前下达的 2017 年学生资助补助经费以及地方财政资金，及时将预算下达研究生培养机构，督促其做好发放工作。高校等研究生培养机构要加强国家助学金发放管理，及时按照新的资助标准将国家助学金发放到符合条件的博士生手中，并密切关注政策实施情况，及时反映发现的问题。[①] 目前，这一政策在高校已经落实到位。博士生生活待遇得到显著提高，生活质量得到改善。

（九）全球首届研究生教育学国际会议举行，探索研究生教育学科发展

2017 年 10 月 26 日，由北京理工大学研究生教育研究中心主办，世界一流大学和一流学科建设评价体系与推进战略研究课题组、学位与研究生教育杂志社协办的全球首届研究生教育学国际会议在北京举行。中国工程院院士、中国学位与研究生教育学会会长赵沁平，教育部学位与研究生教育发展中心主任黄宝印，北京理工大学副校长、中国科学院院士方岱宁，以及来自牛津大学、斯坦福大学、华盛顿大学、首尔国立大学、悉尼科技大学、北京大学、清华大学等国内外高校的 150 余名专家学者参加了此次会议。

北京理工大学副校长方岱宁介绍了北京理工大学近年的发展、"双一流"建设的基本情况，他提到，北京理工大学在中国研究生教育界有着特殊的地位，此次高水平国际会议的召开，能够汇聚来自世界各国的优秀研究生教育研究者的卓越智慧，能够融合国内外著名大学资深研究生教育管理者的丰富经验。

在大会报告环节，来自国内外的专家学者围绕世界一流大学与世界一流学科的建设与评价问题、世界各国研究生培养模式比较研究以及全球化背景下研究

---

① 全国学生资助管理中心. 财政部　教育部关于进一步提高博士生国家助学金资助标准的通知[EB/OL].
[2017-03-03].http://www.xszz.cee.edu.cn/zizhuzhengce/gaodengjiaoyu/2017-08-01/3078.html.

生教育发展新趋势等主题进行了汇报。黄宝印主任强调高等教育要进行内涵式发展，并从宏观战略层面详细阐述了我国世界一流大学建设的框架设计和未来布局。斯坦福大学 Keikoh Ryu 教授基于经济学、管理学和教育学的多学科视角，分析了世界一流大学的建设与社会责任之间的关系。华盛顿大学 Maresi Nerad 教授基于对博士研究生职业发展道路的调查，探讨了博士生教育的现状、问题及经验。悉尼科技大学 Lori Lockyer 教授以悉尼科技大学作为案例研究，阐述了澳大利亚高等教育的架构及其针对研究生培养所进行的研究。日本东北大学 Akiyoshi Yonezawa 教授介绍了日本博士研究生教育发展的整体状况，提出在国际化背景下，变革博士教育观念对日本教育发展的重要性。牛津大学 Janette Ryan 教授以牛津大学为例，强调了国际化在研究生教育中的重要性，并将国际化合作视为世界一流大学建设的重要因素。巴斯大学 Catherine Montgomery 教授从跨国高等教育的视角出发，比较分析了中英两国高等教育的发展现状。威斯康星大学麦迪逊分校 Wang Xueli 从对研究生教育体验的探讨中，提出了改进研究生学习体验的框架设计。厦门大学邬大光教授以厦门大学为例，探讨了一流学科建设的路径与问题。北京理工大学王战军教授回顾了中国世界一流大学的建设历程，倡导高校与社会要理性分析合理对待大学排名，并构建了世界一流大学的三大标志和五大标准。北京理工大学何海燕教授论述了世界一流大学一流学科建设的逻辑关系，从职能和创新两个维度的十个要素展开分析。学位与研究生教育周文辉社长深入分析了在全球化和世界一流大学学科建设进程中，我国研究生教育学学科的现状和问题，并提出可行性对策。

此次会议是全球首次研究生教育学国际会议，对探索研究生教育学学科发展、推动世界一流大学建设具有重要的里程碑意义。[①]

（十）高校须多管齐下防范学术不端行为，加强科研诚信建设

学术不端行为事件一旦曝光，总会引起社会广泛关注。解决这一突出问题，不仅需要完善学术管理制度，更要多管齐下落实学术管理制度。以下两起被曝光的学术不端行为事件，教训十分深刻。它警示高校必须大力加强科研人员的科研

---

① 首届研究生教育学国际会议在北京召开[EB/OL].[2017-10-27].http://www.bit.edu.cn/xww/zhxw/146339.htm.

诚信建设，不断提高科研诚信建设水平。同时，科研人员也应该自觉遵循国家关于科研诚信建设的规章制度，做学术科研诚信的坚定维护者。

2017年1月，有网友爆料，复旦大学社会发展与公共政策学院一篇2013年的博士论文严重抄袭2010年天津大学的博士论文，并称"抄袭程度达99%"。随后复旦大学于1月21日公布调查结果，认定抄袭事实确凿，决定撤销当事人博士学位，停止其导师招收研究生资格。据了解，被举报的论文为复旦大学社会发展与公共政策学院社会管理与社会政策专业博士仇某于2013年完成的博士论文《政策执行研究——以我国职业教育领域为例》，其涉嫌抄袭的论文为天津大学教育学院博士亓某2010年的论文《利益博弈：对我国职业教育政策执行的研究》。[①] 时隔两个月，又一起论文抄袭事件曝光。2017年3月，厦门大学附属中山医院院长、党委副书记、厦门大学医学院常务副院长蔡某被举报：其申请厦门大学博士学位的论文涉嫌抄袭他的两名硕士生。据两名学生的硕士毕业论文记载，他们的论文指导老师皆为蔡某。2017年8月10日，厦门大学官方微博公布《关于"蔡某博士论文被指抄袭"调查情况的说明》。学校表示，蔡某博士论文与两位学生硕士论文的重合，皆来源于其博士期间主持的两个项目，"不构成对他人科研成果的剽窃，但其在写作及引文上的严重不规范行为属于学术不端"[②]。

二、2017年度研究生教育质量示范单位——江苏省

（一）江苏研究生教育概况

江苏学位与研究生教育工作以习近平新时代中国特色社会主义思想为指导，秉承"服务需求，提高质量"的发展主线，坚持稳中求进，注重内涵发展，各项工作走在全国前列。

---

① 吴振东，潘旭. 复旦大学认定论文抄袭事实确凿　撤销当事人博士学位 [EB/OL].[2017-01-23].http://news.sina.com.cn/o/2017-01-23/doc-ifxzutkf2403315.shtml.

② 王景烁. 厦大院长问题博士论文再调查 .[EB/OL].[2017-08-21]. http://zqb.cyol.com/html/2017-08/21/nw.D110000zgqnb_20170821_1-04.htm.

江苏省有15所高校的43个学科入选国家"双一流"建设名单，其中2所高校成为世界一流大学建设高校，13所高校成为世界一流学科建设高校

进入新时代，江苏省更加重视"双一流"建设，取得显著成绩。全省共有15所高校的43个学科入选国家"双一流"建设名单。其中，2所高校成为世界一流大学建设高校，13所高校成为世界一流学科建设高校，高校数和学科数分列全国第二名、第三名。截至2017年底，江苏23所高校的109个学科进入ESI前1%，高校数和学科数分别位居全国第一名、第二名，其中11个学科进入ESI前1‰；在全国第四轮学科评估中，80个学科进入A档，总数位列全国第三。

江苏研究生教育持续发展，学位点和研究生教育规模不断扩大，培养结构更加优化。统计数据显示，在2017年全国博士硕士学位授权审核中，江苏新增博士学位授权点48个、硕士学位授权点144个，新增总数居全国各省、自治区、直辖市第一，全省博士学位授权点达到326个，硕士学位授权点达到826个。在学位点发展的基础上，江苏研究生教育规模稳步扩大，在学全日制研究生达到17.67万人（其中博士研究生2.9万人），总量位居全国第二；研究生培养结构持续优化，专业学位与学术学位硕士研究生比例接近5∶5。

从研究生论文发表的情况来看，2018年研究生教育规律探索排名前三的省、直辖市分别为北京、江苏、浙江。其中，江苏排名第二，其域内学者发表在期刊上关于研究生教育的学术论文占总数的13.78%。这些发展成绩，为新时代江苏研究生教育奠定了重要基础，创造了发展条件。

（二）江苏研究生教育改革主要举措

1. 强化顶层设计，编印《江苏省学位与研究生教育发展"十三五"规划》

江苏省学位委员会、江苏省教育厅结合新时期江苏经济社会发展对高层次人才的需求，2017年首次编印《江苏省学位与研究生教育发展"十三五"规划》。通过顶层设计、系统规划和前瞻布局，整体把握江苏研究生教育"十三五"发展的新常态，明确江苏高水平大学建设、学科建设、学位管理和研究生教育改革发展的路径与方略，勾勒出江苏研究生教育工作的新愿景与新画卷。

2.加强统筹推进，大力实施高水平大学建设工程

为了深入贯彻落实党中央、国务院"双一流"建设的决策部署，江苏省政府2016 年出台《江苏高水平大学建设方案》，2017 年出台《江苏高水平大学建设实施办法（暂行）》，并召开推进会，推动不同层次、不同类别的高校彰显特色、强化内涵、争先进位、追求卓越。

江苏省高水平大学建设工程的框架是"专项＋综合"，即"4+1+1"。"4"就是优势学科建设工程、品牌专业建设工程、协同创新计划、特聘教授计划等"四大专项"，"十三五"期间，每年投入 17 亿元左右。综合项目第一个"1"是对入选国家"双一流"建设行列的高校，按照国家要求给予配套支持；综合项目第二个"1"是对总体水平靠前的江苏省属高校进行整体扶优扶强。2017 年首次评选产生 8 所综合实力全国百强省属高校、4 所综合实力接近全国百强省属高校，安排省级财政奖补经费8.4亿元。江苏省高水平大学建设的对象涵盖全体本科高校，体现在三个方面：一是校校有机会，每一所高校只要条件具备，都可能成为高水平大学建设的对象。二是校校有任务，"四大专项"已覆盖江苏所有高校。三是校校有特色，江苏高水平大学建设方案"专项＋综合"的制度设计，就是要鼓励"有特色""高水平"，不追求"大而全""综合性"。

为推进高水平大学建设，江苏省大力深化国际合作交流。2017 年，江苏省教育厅与英国文化教育委员会签署《江苏—英国高水平大学 20+20 合作计划协议》，每年在江苏"双一流"建设高校及江苏高水平建设大学中，选派 30 名博士研究生、50 名青年学术骨干和 20 名研究生管理干部，到世界排名靠前的英国高水平大学，分别开展联合培养、专题研修和专题培训。

3.注重体系建构，系统推进江苏学科建设

江苏省通过系统谋划，努力推动不同发展基础、不同发展水平的学科迸发活力，在不同层面提升水平、形成影响、追求一流、做出贡献。目前已构建"四级学科体系"：①世界一流建设学科。江苏 43 个学科被列入世界一流学科建设范围，建设目标是瞄准世界一流。②江苏省优势学科。从 2010 年起已启动两期优势学科建设工程，省级财政每年投入 10 亿元，三期拟立项建设 170 个优势学科。③江苏省重点学科。在"十三五"立项建设 323 个重点学科，作为优势学科的后备，覆盖所有本科高校。④校级特色学科。各高校立足区域需求和学校发展实际，

开展了校级特色学科建设工程。例如，南京大学的金牌学科战略、东南大学的一流学科攀升计划，扶持主导学科，培育特色学科，拓展应用学科。江苏省通过系统化、体系式推进学科建设，取得了丰硕成果，在全国第四轮学科评估中，江苏省有 466 个学科进入全国排名前 70%，总数位居全国第二，A、B、C 三类学科数均居全国总数的 10% 左右，呈现合理的分布格局，体现了学科建设百舸争流的良好生态。

全国第四轮学科评估中，江苏省有466个学科进入全国排名前70%，总数位居全国第二

4.强调提升质量，统筹推进江苏研究生教育工作

江苏省不断加强研究生教育培养工作，已经形成了"一个工程、两项改革、五项保障"的工作格局，实现了从规模扩张到质量提升和内涵式发展的转换。

（1）持续实施"一个工程"

江苏省研究生培养创新工程已连续开展 15 年，对提升研究生培养质量起到积极推动作用。2017 年，加大改革创新力度，优化项目设置，形成了江苏研究生科研与实践创新计划、研究生科研创新实践大赛、研究生暑期学校、研究生学术创新论坛、研究生教育改革成果评选、研究生教育教学改革课题、研究生工作站等 9 类项目；优化资金分配方式，采用立项资金、引导资金、奖补资金三种方式结合，省级财政投入经费 2000 万元，带动高校配套投入 2 亿元。以研究生科研与实践创新计划为例，2017 年设立 3000 余项，资助标准按自然科学类每项 1.5 万元，人文社科类每项 0.8 万元执行，省级财政投入 575 万元，高校配套投入 3147.9 万元，鼓励更多研究生独立或在导师指导下开展课题研究。由于研究生培养创新工程实施成效明显，资金使用效益高，2018 年江苏省级财政将研究生培养创新工程专项资金由 2000 万元调整为 2500 万元。

（2）深入推进"两项改革"

"十二五"末期，江苏省被教育部批准为全国深化专业学位研究生教育综合改革的四个试点省份之一。省教育厅专门召开深化专业学位研究生教育综合改革推进会，各高校在创新培养模式、优化课程设置、改革教学方式、优化导师队

伍、搭建校外平台、开展国际联合培养等方面积极探索，深化了对专业学位研究生教育的改革力度。在 2017 年省级学位委员会工作会议暨研究生培养工作研讨班和 2017 年教育部深化专业学位研究生教育综合改革试点工作阶段性总结会上，江苏省均就此项工作作了专门介绍，受到教育部领导的肯定。

江苏省扎实推进博士研究生培养模式改革，从落实奖学助学经费、开展寓教于研、国际联合培养、导师招生配置、建立考核淘汰机制 5 个方面对博士研究生培养模式改革情况进行专项督查，督查结果作为博士研究生教育相关资源分配和专项经费安排的重要依据。2016 年，在高校自查的基础上，分别采取书面审核方式和现场汇报答辩的方式进行督查；2017 年，通过在线问卷和专家评审的方式进行督查。从督查结果来看，各项任务均落到实处。88% 的高校达到了博士研究生人均奖助金额 5 万元 / 年的要求，江苏省高校优势学科立项学科和国家、省协同创新中心参与各种形式国际交流的博士研究生达到 80% 以上，其中具有 1 年左右海外研修经历的超过 1/3 。

88%的高校达到了博士研究生人均奖助金额5万元/年

（3）着力抓好"五大质量保障"

江苏省构建了标准引领、制度保障、评价诊断、多方参与的全方位、立体化的研究生教育质量保障体系。一是开展硕士学位授权一级学科点评估。此项工作自 2011 年开展以来，2017 年已全部完成 362 个学术型硕士学位一级学科点的首轮评估。二是开展学位论文抽检评议和评优工作，强化评选质量，坚持质量标准。三是发布毕业研究生就业情况调查报告，利用调查结果，寻找和发现研究生教育中的问题和不足。四是首次公开出版、对外发布《江苏省研究生教育质量年度报告》，聚焦江苏研究生培养质量，从概况、基础、改革、监控和跟踪 5 个方面进行系统分析。五是建成江苏研究生教育质量信息平台，推动研究生教育信息公开、数据融合、资源共享，通过大数据实现对研究生教育质量的动态监测。

（三）江苏省研究生教育特色举措

1. 产业教授制度：以深化产教融合提升质量

通过选聘科技企业家到高校担任产业教授，实现了高校与企业创新资源的深度对接。产业教授制度搭建了一个产业界对接教育界、创业价值对接创新价值的高端平台，为推进科技强省建设提供了有力支撑。自2010年第一次开展产业教授选聘工作以来，江苏已选聘五批次1289名产业教授到高校任职，涉及化工、信息、文化、金融、医药、农林等众多领域，惠及89所高校，辐射1081个企业，6000多名研究生专业能力得到提升。经过7年持续推进，江苏产业教授选聘工作不仅受到了省内高校的一致认可，而且在全国形成了品牌和影响。2017年，江苏深化产业教授选聘工作，出台了《江苏省产业教授（研究生导师类）选聘办法》，明确产业教授的选聘机制与考核机制，并建立产业教授、聘任高校以及产业教授所在单位之间的协同机制。在2016年和2017年全国学位与研究生教育工作会议上，教育部杜占元副部长对此给予高度评价。

2017年，江苏出台了《江苏省产业教授（研究生导师类）选聘办法》

2. 研究生工作站：以实施联合培养提升质量

研究生工作站是由企业申请设立、出资建设，并引入高校研究生导师指导、研究生团队开展技术研究的机构，是企业与高校产学研合作的重要平台，也是江苏研究生培养的重要创新实践基地。自2009年启动建设以来，连续开展8年，已建成省级研究生工作站4283家，吸引6000多名高校导师、8000多名企业导师和数万名研究生进站开展科研活动。

2017年，江苏深化研究生工作站建设，探索形成了校（院）级研究生工作站、江苏省研究生工作站、江苏省优秀研究生工作站、江苏省优秀研究生工作站示范基地四个层级的建设模式，当年评选产生49家优秀研究生工作站，全省优秀研究生工作站达到148家，进一步发挥示范引领作用。此外，首次开展研究生工作站期满考核，对192家考核不合格的研究生工作站予以摘牌，时任省委书记李强同志专门对此做出批示。教育部杜占元副部长多次表扬了江苏这项工作。

3. 举办科创活动：以搭建培养平台提升质量

为深化研究生培养模式改革，江苏省在2017年首次设立研究生暑期学校、学术创新论坛、科研创新实践大赛等研究生培养创新工程项目，搭建起学术交流与创新的平台，拓展学术视野，激发创新思维。

按照"先行试点、逐步完善、分步推进"的总体原则，江苏省在 2017 年举办了教育硕士实践创新能力大赛、MBA 案例大赛、研究生英语翻译大赛、研究生法律案例大赛 4 个科研创新实践大赛。立足人才培养，瞄准行业需求，突出应用创新，既让一批优秀选手和后备人才脱颖而出，又聚焦了社会关注的热点和难点，展现了一批高水平的研究成果。例如，河海大学承办的江苏省 MBA 案例大赛，响应省委省政府关于培育创建特色小镇的战略部署，将大赛选题确定为"特色小镇"，既达到了以赛促学、以赛促教、以赛促改的目的，又充分发挥了研究生在江苏省"两聚一高"新实践中的价值和贡献，产生了良好的实际效益和社会影响。

同年，江苏省还举办研究生暑期学校 10 个、研究生学术创新论坛 20 个，微纳卫星遥感与空间探测技术、新型城镇化与社会治理创新、"一带一路"背景下的江苏经济发展、"数字 +"与变化的长三角城市等主题，既聚集学科前沿，又关注社会热点，吸引省内外 3000 余名研究生参与，推动省内研究生培养单位、相关学科实现研究生培养优势互补、资源共享，为研究生提供交流、展示与合作的平台。

三、2017 年度研究生教育质量突出人物——南京理工大学王泽山院士

2018 年 1 月 8 日，国家科学技术奖励大会在北京人民大会堂隆重举行。南京理工大学王泽山院士获得 2017 年度国家最高科学技术奖，这也是他第四次登上国家科学技术奖励大会的领奖台。60 多年间，王泽山院士专注于火炸药研究，发展了火炸药的理论与技术，不断突破多项世界性技术难题，为我国火炸药的创新发展和国防实力的提升做出了重大贡献。一直以来，王泽山院士始终把国家需要作为自己的研究方向，扎根国防科研，在科学研究、人才培养、科研成果转化等方面做出了杰出贡献。

（一）人物简介

王泽山，男，1960 年毕业于中国人民解放军军事工程学院（哈军工），

1960—1985 年，担任南京理工大学的前身——炮兵工程学院、华东工程学院、华东工学院的教师。1986 年任南京理工大学教授、博士生导师。1999 年当选中国工程院院士。我国著名火炸药专家、含能材料专家，长期致力于含能材料学科的教学和研究，在火药性能、燃烧、装药设计和

理论与实验方法等领域取得了卓越的理论和应用研究成果。王泽山院士为我国火炸药整体实力的提升和我国武器装备、火炸药产品的更新换代做出了杰出贡献。曾被评为全国优秀科技工作者，并获光华基金特等奖和何梁何利科学与技术进步奖。①

（二）学术成就

王泽山院士 60 多年潜心研究火炸药，始终坚守科学研究一线，不断创新，把中国火炸药领域的整体实力提升到世界前列，被称为"火药王"。他创立了"发射装药学"，是发射装药理论体系的奠基人。他在火炸药理论领域提出了系列新概念和新原理，共出版著作 15 部，发表学术论文 100 多篇，拥有 20 多项发明专利。在含能材料工程领域获得多项重大研究成果。20 世纪 80 年代首创了火炸药资源化系列再利用技术，解决了再利用的多项关键技术，为消除废弃含能材料公害提供了技术支撑，是我国火炸药领域军民融合道路的开拓者。自 20 世纪 90 年代起，研究了发射药燃烧的补偿理论，发明了低温感含能材料和高能量密度装填方法，显著提高了发射装药的能量利用率。2000 年以后，发明了等模块装药和远程、低膛压发射装药，解决了国际军械领域长期未解决的瓶颈技术。由王泽山创新发展的系列火炸药技术，开启了我国火炸药领域从跟踪仿制向自主创新发展的新征程。以第一完成人获国家技术发明一等奖 2 项；国家科技进步一等奖 1 项；国家、省部级科技奖 7 项（第一完成人）。② 早在获得国家最高科学技术奖前，曾三次获得国家科学技术奖一等奖：1993 年，凭废弃火炸药再利用的多项关键技

---

① 南京理工大学 . 王泽山简介 [EB/OL].[2018-01-19].http：//rs.njust.edu.cn/1278/list.htm.

② 邱晨辉 .2017 年度科技创新人物揭晓 [EB/OL].[2018-01-19].http：//media.china.com.cn/cmyw/2018-01-19/1211158.html.

术获国家科技进步奖一等奖；1996 年，凭降低武器对环境温度敏感性这一尖端技术获国家技术发明奖一等奖；2016 年，凭等模块装药和远程、低膛压发射装药技术获国家技术发明奖一等奖。还荣获国家优秀教材二等奖、"六五""七五"期间兵器行业"突出贡献专家"等荣誉称号。王泽山院士始终坚信，专业无所谓冷热，只要肯钻研都会大有作为。

（三）研究生培养

长期以来，王泽山院士在科研上努力攀登世界高峰，取得了系列重大成就和崇高荣誉，但是从未忘记自己教育科研工作者的身份，始终把教育和人才培养摆在第一位。1960 年毕业留校至今，数十年的任教生涯使王泽山院士认识到教育工作的重要性。他秉持"立德树人"的从教信念，先后荣获"省部级优秀研究生导师"和"全国优秀科技工作者"的称号。教师岗位上近 60 年的辛勤耕耘，王泽山院士培养了一大批优秀研究生人才，其中博士生 90 余名。在他培养的学生中，有 6 人次获得国家科技进步一等奖，8 人次获得部级科技进步奖，绝大部分扎根于院校、企业和研究院所的武器装备研制一线，成为国防科技和经济社会领域亟需的领军人才。

在研究生培养上，王泽山院士秉持率先垂范、言传身教的师道修养，年逾八旬还长年坚持亲自野外试验、亲手调试设备、分析一手数据，身体力行地教给学生正确的科研态度和工作习惯。他还注重对学生德行的培养，教导学生要具备诚信、包容等品质，他常说："我们培养的学生是从事科学的人，不是为私利而搞关系的人。"在打牢学生专业基础与理论功底的同时，王泽山更注重培养学生的科研创新能力和责任感。他善于发现学生身上的优点长处，特别是学术思维方面的新亮点，通过因材施教的方法和开放式的指导，启发学生将研究与实践相结合，充分思考，从而找到问题的答案。他经常勉励学生要有创新的责任感，发挥自己的专长去不断攻克技术难关，为国家做出贡献。他给学生选定的课题往往是理论上尚需探索、技术上有待突破的前沿课题，有效地拓宽了学生们的科研思路、激发了科研热情。王泽山院士还注重培养学生的国际化研究视野，较早开始与国外大学联合培养博士研究生，力求研究成果在国际上居于领先地位。[①]

[①] 王泽山同志事迹材料 [EB/OL].[2018-03-20].http：//szw.njfu.edu.cn/typenews.asp?id=1351.

王泽山院士长期致力于为国家培养高素质人才，在实践中坚持按照教育规律培养优秀人才。概括而言，其人才培养经验和思路主要包括以下几点：①重视学生科研态度的养成，鼓励学生敢于质疑、不盲从。②因材施教，重视培养学生科研创新能力。③注重培养学生的国际化视野。④注重科研成果转化，将科学研究扎根实践。⑤注重对一线人才的培养，为与之有合作关系的科研院所、企业精心培养相关技术人才。他亲自组建讲师团队，选定教学科目，制订教学计划，比较系统地向技术人员传授火炸药专业的理论知识。①

　　王泽山院士不仅是一名科技工作者，同时也是一位优秀的硕博士导师。数十年的教学生涯和科研经历，使他深深认识到高层次人才培养的重要性。他毫无保留地将自己的知识、经验传授给学生，积极创造条件促进学生的成长成才。王泽山院士和他培养的学生为国防事业以及经济社会的发展做出了重要贡献，这正是他作为一名新时代教育工作者"立身育才、无私奉献"的深刻诠释。

---

　　① 南藜萱.国家的需要就是我研究的方向——记2017年度国家最高科学技术奖获得者王泽山院士.[EB/OL].[2018-01-19].http：//zs.njust.edu.cn/84/95/c4297a165013/page.htm.

第四章 省域研究生教育质量评价

2010年7月，教育部颁布的《国家中长期教育改革和发展规划纲要（2010—2020年）》明确提出"健全统筹有力、权责明确的教育管理体制""加强省级政府教育统筹""转变政府教育管理职能"。这充分表明省级政府在教育改革与质量保障中的作用日趋重要，对省域研究生教育质量的评价非常必要。

基于此，本报告将保持前期质量报告的一贯风格，继续沿用客观、可比的评价指标，评估各省域研究生教育质量。

一、评价的指标体系、数据来源及分析方法

（一）指标体系的设计原则

本章所设计的省域研究生教育质量评价体系遵循了以下原则。

1. 稳定性原则

虽然报告每年会对指标体系进行一定的微调，但对于省域研究生教育质量评价中的重要性、认可度及数据可靠性较高指标依旧保留且沿袭往年的计算方式，例如，生均高等学校基础研究研发（R&D）经费支出、自然科学基金立项数等，并将此类指标进行历时性的纵向比较，以发现各省、自治区、直辖市研究生教育变化趋势和发展规律。

2. 时效性原则

由于中国研究生教育处于急速发展阶段，为了使本报告能够尽可能切实地反映省域研究生教育年度发展情况，本年度报告选取了在过去一年中影响非常大，社会各界都十分关注且显著反映研究生教育质量的指标，如：教育部学位中心开展的第四轮学科评估、教育部等三部委联合发布的《世界一流大学和一流学科建设高校及建设学科名单》等。

3. 客观性原则

报告的指标均为客观指标，且能够从国家相关政府统计、公开的连续出版物

及相关机构的官方网站中获得数据，从而使报告本身具有很强的内部效度，即不同的研究者能够无障碍地搜集到本章节所使用的所有数据，只要采用相同的分析方法，就能够得到高度一致的结论。

（二）2018年指标体系的内容

在 2017 年指标体系的基础上，结合指标体系的稳定性，数据的可得性，2018 年省域研究生教育质量评价的指标体系（表 4-1）。

表4-1　省域研究生教育质量评价指标体系（2018）

一级指标	二级指标	三级指标
条件支撑度	R&D经费支出	生均高等学校R&D经费支出
		生均高等学校基础研究R&D经费支出
	基金项目	自然科学基金立项数
		社会科学基金立项数
	学科平台	全国第四轮高校学科为A-及以上学科数
		进入ESI排名前1%的学科数
		进入"双一流"名单的一流学科数
	导师规模	硕士研究生生师比
		博士研究生生师比
		研究生生师比
	研究生教育研究	CSSCI期刊中研究研究生教育的论文数
	研究生教育研究	硕士及以上中外合作办学项目
	专业学位	博士专业学位点数
		硕士专业学位点数
社会贡献度	科技贡献	拥有科学研究经历的学术学位在学研究生比例
		R&D人员中有硕士和博士学位人数
	经济贡献	从事非科研工作的研究生比例
	人口贡献	具有研究生学历的就业人数占比

续表

一级指标	二级指标	三级指标
发展契合度	经济契合度	在学研究生规模与GDP的相关系数
	科技契合度	在学研究生规模与技术市场成交额的相关系数
	人口契合度	在学研究生规模与城镇人口规模的相关系数

备注：①R&D指"研究与发展"；②CSSCI指中文社会科学引文索引；③GDP指国内生产总值

（三）数据来源

各指标的原始数据均来源于国家发布的各类年鉴、发展报告或政府与具有公信力的第三方组织的官方网站。由于各指标数据更新的速度不同，部分指标最新数据更新至2018年，部分仅更新至2016年。为尽可能保障数据的时效性，本报告选取在2018年3月27日前各指标公布的最新数据（表4-2）。

表4-2　省域研究生教育质量评价指标的数据来源

指标	数据来源
R&D经费支出	（1）在学研究生数来源于《中国教育统计年鉴（2016）》
	（2）高等学校R&D经费内部支出、高等学校R&D经费内部支出（用于基础研究）数据来源于《中国科技统计年鉴（2017）》
基金项目	（1）自然科学基金立项数来源于国家自然科学基金委官方网站
	（2）社会科学基金立项数来源于全国哲学社会科学规划办公室官方网站
学科平台	（1）"一流学科"名单来源于中华人民共和国教育部官方网站
	（2）进入ESI排名前1%学科数来源于汤森路透网站，2017年度的检索时间为2017-10-31
	（3）第四轮学科评估结果来源于教育部学位与研究生教育发展中心官方网站
导师规模	生师比数据来源于《中国学位与研究生教育发展年度报告（2016）》
研究生教育研究	CSSCI期刊中研究研究生教育的论文数来源于中国知网
国际交流合作	硕士及以上中外合作办学项目数来源于教育部中外合作办学监管工作信息平台，检索时间为2018-03-07
专业学位	数据来源于中国学位与研究生教育质量信息平台，检索时间为2018-03-25

续表

指标	数据来源
科技贡献	（1）人文社科领域参与科研项目的研究生数来源于《2016年全国高校社科统计资料汇编》；理工农医领域参与科研项目的研究生数来源于《2016年高等学校科技统计资料汇编》
	（2）R&D人员中有硕士和博士学位人数来源于《中国科技统计年鉴（2017）》
人口贡献	就业人口中具有研究生学历的人数数据来源于《中国人口与就业统计年鉴（2017）》
经济契合度	在学研究生规模数据来源于《中国教育统计年鉴》，GDP数据来源于《中国统计年鉴》
科技契合度	技术市场成交额数据来源于《中国统计年鉴》
人口契合度	城镇人口数据来源于《中国人口和就业统计年鉴》

备注：①R&D指"研究与发展"；②CSSCI指中文社会科学引文索引

（四）数据处理方法

1. 数据标准化方法

由于各指标存在着单位不同、量纲不一的现象，本报告需要将各指标转为标准化的得分，从而加以比较。各类指标（包括逆指标和契合度指标）均可转化为正指标后对其进行标准化，标准化方法如下：

$$y_i = 60 + 40 \times \frac{x_i - \min\{x_1, x_2, \cdots, x_n\}}{\max\{x_1, x_2, \cdots, x_n\} - \min\{x_1, x_2 \cdots, x_n\}}$$

2. 相关分析

省域经济、科技不断发展时，研究生的教育规模亦应保持相应的增长

省域研究生教育分别与经济、科技和人口的契合度分析，建立在一个基本假设上：在研究生教育实行省级统筹的条件下，各省研究生教育规模将与省域经济、科技的发展状况以及人口的变动趋势保持较高的相关性。例如，当省域经济、科技不断发展时，研究生的教育规模亦应保持相应的增长。反之亦然。

3. 基于统计指数的因素分析法

在年度变化的对比分析中，各指标数值的变化往往受到多项因素的影响。例如，生均经费的变化往往受到在学研究生人数与经费总数两大因素的影响。设 A_0、A_1 分别代表基期和报告期的经费总数，Q_0、Q_1 分别代表基期和报告期的在学研究生数的倒数，可得统计指数体系：

$$\frac{A_1 Q_1}{A_0 Q_0} = \frac{A_1 Q_1}{A_0 Q_1} \times \frac{A_0 Q_1}{A_0 Q_0}$$

其中，$\dfrac{A_1 Q_1}{A_0 Q_1}$ 为经费投入变化对生均经费变化所产生的影响；$\dfrac{A_0 Q_1}{A_0 Q_0}$ 为在学研究生数变化对生均经费变化所产生的影响。本报告将在年度变化的对比分析中，分离出相关因素的影响。

二、省域研究生教育质量排名

本节将分指标对各省研究生教育的条件支撑度、社会贡献度和发展匹配度进行排名。

（一）条件支撑度排名

条件支撑度排名主要是依据各省科研经费、基金项目、导师规模、学科平台等多个维度对各省研究生的培养条件进行排名，以反映最新一年各省培养条件的现状。

1. R&D 经费支出

一方面，生均高等学校 R&D 经费内部支出反映的是研究生培养所具备的经费基础。生均支出越高，说明经费基础越牢固。从生均高等学校 R&D 经费内部支出来看，得分最高的为天津，总支出达到 63.72 亿元，生均支出达到 11.69 万元。其次为广东，总支出高达 108.08 亿元，生均支出达到 11.64 万元。作为高等教育 R&D 经费内部支出总量最多地区北京（160.44 亿元）、江苏（100 亿元）和上海（93.61 亿元），由于其域内在学研究生数也最多，故其生均支出仅分别为 5.05 万元、6.19 万元和 6.46 万元。此外，青海和宁夏的表现值得关注，其高等学校 R&D 经费内部支出虽然仅 20910 万元、25119 万元，但由于其在学研究生数很少，分别为 3508 人、4650 人，所以其生均高等学校 R&D 经费支出达 5.96 万元与 5.40 万元，进入前十名之列（表 4-3）。这在一定程度体现出：研究生 R&D 经费总量充足的省份，其生均 R&D 经费不一定充足，而研究生 R&D 经费总量较少的省份可能生均 R&D 经费较高。

研究生R&D经费总量充足的省份，其生均R&D经费不一定充足，而研究生R&D经费总量较少的省市可能生均R&D经费较高

表4-3　2018年分省份生均高等学校R&D经费内部支出排名

省份	高等学校R&D经费内部支出/万元	在学研究生数/人	生均高等学校R&D经费支出/万元	得分	排名
天津	637203	54491	11.69	100.00	1
广东	1080797	92875	11.64	99.76	2
浙江	546516	67232	8.13	85.16	3
黑龙江	449414	63620	7.06	80.72	4
上海	936117	144987	6.46	78.19	5
福建	271554	42731	6.35	77.77	6
江苏	1000025	161530	6.19	77.09	7
青海	20910	3508	5.96	76.13	8
宁夏	25119	4650	5.40	73.80	9
安徽	270246	51738	5.22	73.06	10
四川	478284	92420	5.18	72.86	11
重庆	265356	52156	5.09	72.50	12
河南	199690	39525	5.05	72.35	13
北京	1604357	317610	5.05	72.34	14
广西	136599	27713	4.93	71.83	15
贵州	80296	16448	4.88	71.64	16

续表

省份	高等学校R&D经费内部支出/万元	在学研究生数/人	生均高等学校R&D经费支出/万元	得分	排名
山东	369168	82055	4.50	70.04	17
辽宁	429980	99083	4.34	69.38	18
湖北	481172	120504	3.99	67.94	19
河北	159007	41673	3.82	67.20	20
湖南	264170	70759	3.73	66.86	21
海南	18307	4921	3.72	66.80	22
云南	117710	33041	3.56	66.14	23
江西	103038	30344	3.40	65.45	24
山西	97453	29299	3.33	65.16	25
陕西	350274	105671	3.31	65.11	26
吉林	164065	59981	2.74	62.70	27
甘肃	77230	31199	2.48	61.62	28
新疆	46154	19214	2.40	61.31	29
西藏	3545	1553	2.28	60.82	30
内蒙古	38646	18520	2.09	60.00	31

备注：①生均高等学校 R&D 经费内部支出 = 高等学校 R&D 经费内部支出 / 在学研究生数；②在学研究生数来源于《中国教育统计年鉴（2016）》，高等学校 R&D 经费内部支出数据来源于《中国科技统计年鉴（2017）》

得分最高的为广东，生均高等学校基础研究R&D经费支出为5.39万元

　　另一方面，生均高等学校基础研究 R&D 经费支出，体现了各省域对研究生开展原创性基础研究的支持力度。其中，得分最高的为广东，生均高等学校基础研究 R&D 经费支出高达到 5.39 万元。但作为高等教育基础研究 R&D 经费内部支出总量最多的省份北京（64.51 亿元），由于其在学研究生人数也多，为 31.75

万人，故其生均高等学校基础研究 R&D 经费支出仅分别为 2.03 万元。此外，值得关注的是，天津的高等学校基础研究 R&D 经费内部支出仅仅为 25.64 亿元，但由于其学生数相对较少，生均高等学校基础研究 R&D 经费支出达到 4.70 万元，排名第二（表4-4）。

表4-4 2018年分省份生均高等学校基础研究R&D经费支出排名

省份	高等学校基础研究R&D经费内部支出/万元	在学研究生数/人	生均高等学校基础研究R&D经费支出/万元	得分	排名
广东	500805	92875	5.39	100.00	1
天津	256359	54491	4.70	94.29	2
青海	15505	3508	4.42	91.93	3
浙江	244653	67232	3.64	85.45	4
广西	81697	27713	2.95	79.71	5
宁夏	13363	4650	2.87	79.10	6
安徽	148345	51738	2.87	79.04	7
上海	398987	144987	2.75	78.09	8
江苏	413477	161530	2.56	76.49	9
山东	173243	82055	2.11	72.77	10
贵州	34394	16448	2.09	72.60	11
北京	645067	317610	2.03	72.10	12
黑龙江	125165	63620	1.97	71.57	13
海南	9218	4921	1.87	70.79	14
重庆	93747	52156	1.80	70.16	15
山西	51261	29299	1.75	69.77	16
云南	57499	33041	1.74	69.69	17
四川	148620	92420	1.61	68.59	18
辽宁	156873	99083	1.58	68.39	19
西藏	2447	1553	1.58	68.32	20

续表

省份	高等学校基础研究R&D经费内部支出/万元	在学研究生数/人	生均高等学校基础研究R&D经费支出/万元	得分	排名
河南	60873	39525	1.54	68.03	21
河北	64154	41673	1.54	68.02	22
江西	43454	30344	1.43	67.13	23
陕西	151002	105671	1.43	67.11	24
新疆	27084	19214	1.41	66.94	25
湖南	95676	70759	1.35	66.47	26
湖北	151313	120504	1.26	65.67	27
吉林	73171	59981	1.22	65.37	28
甘肃	32351	31199	1.04	63.85	29
福建	44226	42731	1.03	63.84	30
内蒙古	10610	18520	0.57	60.00	31

备注：①生均高等学校基础研究的R&D经费内部支出=高等学校基础研究R&D经费内部支出/在学研究生数；②在学研究生数来源于《中国教育统计年鉴（2016）》，高等学校R&D经费内部支出（用于基础研究）数据来源于《中国科技统计年鉴（2017）》

2. 基金项目

北京获得82项国家社科基金重大项目资助，24项国家自然科学基金重大项目资助，排名第一

本报告分析的基金项目包含国家自然科学基金和国家社科基金的重大项目、重点项目和面上项目，而且，本报告将人文社科和自然科学视为同等重要，将两者得分的平均数作为总得分。排名第一的是北京，获得82项国家社科基金重大项目资助，24项国家自然科学基金重大项目资助。上海获得11项国家自然科学基金重大项目资助，40项国家社科基金重大项目资助，位列第二。江苏获得9项国家自然科学基金重大项目资助，24项国家社科基金的重大项目资助，排名

第三（表4-5）。

表4-5　2018年分省份基金项目获批经费排名

省份	国家自然科学基金					国家社会科学基金					总得分	排名
	重大	重点	面上	经费/万元	得分	重大	重点	面上	经费/万元	得分		
北京	24	199	3342	276734.34	100.00	82	75	215	13485	100.00	100.00	1
上海	11	89	2114	155718.17	82.50	40	20	205	8000	83.23	82.87	2
江苏	9	70	1868	136660.46	79.75	24	35	224	7625	82.08	80.91	3
广东	2	45	1520	103287.40	74.92	23	18	146	5390	75.24	75.08	4
湖北	4	38	1201	85076.20	72.29	16	16	154	4920	73.81	73.05	5
浙江	2	27	898	61140.90	68.83	13	27	161	5205	74.68	71.75	6
福建	1	12	407	115432.00	76.68	3	8	63	1780	64.20	70.44	7
湖南	2	17	579	39730.90	65.73	13	18	155	4770	73.35	69.54	8
山东	1	22	773	53562.00	67.73	9	13	133	3835	70.49	69.11	9
四川	3	19	643	46100.80	66.66	18	13	108	4055	71.16	68.91	10
陕西	8	32	867	67321.03	69.72	10	10	86	2870	67.54	68.63	11
辽宁	2	16	628	42794.72	66.18	8	7	73	2345	65.93	66.06	12
河南	0	1	276	16174.00	62.33	5	10	120	3150	68.39	65.36	13
天津	0	15	478	32418.00	64.68	11	8	44	2040	65.00	64.84	14
重庆	2	8	396	26674.00	63.85	6	10	74	2310	65.83	64.84	15
安徽	3	13	461	34170.90	64.93	3	4	65	1680	63.90	64.41	16
吉林	3	7	374	27186.36	63.92	4	6	64	1810	64.30	64.11	17
云南	0	8	122	9784.00	61.41	10	3	68	2265	65.69	63.55	18
黑龙江	1	10	472	31139.00	64.49	5		51	1250	62.58	63.54	19
江西	2	1	71	5829.00	60.83	5	3	78	2065	65.08	62.95	20
甘肃	0	10	196	15246.00	62.19	4	0	45	1220	62.49	62.34	21
河北	1	1	150	9924.99	61.43	0	5	61	1395	63.03	62.23	22
山西	2	3	109	8771.00	61.26	3	5	36	1135	62.23	61.75	23

续表

省份	国家自然科学基金					国家社会科学基金					总得分	排名
	重大	重点	面上	经费/万元	得分	重大	重点	面上	经费/万元	得分		
广西	0	1	47	3008.00	60.43	2	4	45	1200	62.43	61.43	24
新疆	0	1	40	2579.00	60.36	3	2	45	1210	62.46	61.41	25
贵州	0	1	43	3064.00	60.43	2	3	43	1125	62.20	61.32	26
内蒙古	0	0	21	1230.00	60.17	5	1	31	1055	61.99	61.08	27
青海	0	1	5	625.00	60.08	1	2	23	610	60.63	60.35	28
宁夏	0	0	6	342.00	60.04	1	2	18	510	60.32	60.18	29
海南	0	0	28	1671.00	60.23	1	3	11	405	60.00	60.12	30
西藏	0	0	1	66.00	60.00	0	3	15	405	60.00	60.00	31

备注：①社科基金经费数据按照面上项目 20 万、重点项目 35 万以及重大项目 80 万总计得出；②总得分 =（社科基金得分 + 自科基金得分）/2；③自然科学基金立项数来源于国家自然科学基金委官方网站，社会科学基金立项数来源于全国哲学社会科学规划办公室官方网站，检索时间为 2018-03-15

3. 学科平台

本报告选取 ESI[①] 排名前 1% 的学科（以下简称 ESI 学科）、教育部等三部委公布的"一流学科"，以及第四轮学科评估结果为 A– 及以上学科（简称学位中心学科）作为优秀学科数，用于评价省域学科平台质量指标。学科优秀相对系数指每 100 个一级学科博士点平均拥有多少个优秀学科。

北京地区的优秀学科数量最多，拥有学位中心学科、一流学科以及 ESI 学科数量分别为 186、159、138，优势显著。江苏拥有 80 个学位中心学科，43 个一流学科，109 个 ESI 学科，位居第二。上海排名第三，其 ESI 学科数低于江苏，但是拥有更多的学位中心学科和一流学科。上海、北京、江苏等研究生教育大省，虽然其优秀学科数远远多于排名第一的浙江，但由于一级学科博士点数量庞大，所以学科优秀系数排在浙江之后。

---

① ESI（Essential Science Indicators的缩写，中文名称为基本科学指标数据库），是衡量科学研究绩效、跟踪科学发展趋势的基本分析评价工具，由美国科技信息所于 2001 年推出，已成为评价高校、学术机构、国家 / 地区国际学术水平及影响力的重要评价指标工具之一。

天津、江苏、广东、安徽4个省份的**ESI优秀学科数**明显**多于**学科评估优秀学科数

值得关注的是，天津、江苏、广东、安徽 4 个省份的 ESI 优秀学科数明显多于学科评估优秀学科数。此外，宁夏、新疆、海南、贵州、山西、内蒙古 6 个省份学科评估优秀学科数为 0，但是却有多个学科进入 ESI 排名前 1%学科，例如，山西拥有 6 个 ESI 学科（表 4-6）。

表4-6　2018年分省份学科平台质量排名

省份	优秀学科数			一级学科博士点数	学科优秀相对系数			加权优秀相对系数	得分	排名
	学位中心	一流学科	ESI学科		学位中心	一流学科	ESI学科			
浙江	44	20	45	79	55.70	25.32	56.96	45.99	100.00	1
上海	91	57	87	216	42.13	26.39	40.28	36.27	90.74	2
北京	186	159	138	534	34.83	29.78	25.84	30.15	84.91	3
天津	31	12	28	85	36.47	14.12	32.94	27.84	82.71	4
江苏	80	43	109	283	28.27	15.19	38.52	27.33	82.22	5
广东	30	18	60	141	21.28	12.77	42.55	25.53	80.51	6
安徽	16	13	27	75	21.33	17.33	36.00	24.89	79.90	7
湖北	51	29	53	181	28.18	16.02	29.28	24.49	79.52	8
黑龙江	24	11	27	97	24.74	11.34	27.84	21.31	76.49	9
四川	27	14	30	118	22.88	11.86	25.42	20.06	75.29	10
湖南	25	12	35	124	20.16	9.68	28.23	19.35	74.63	11
山东	10	6	48	118	8.47	5.08	40.68	18.08	73.41	12
吉林	18	12	16	91	19.78	13.19	17.58	16.85	72.24	13
福建	11	6	23	80	13.75	7.50	28.75	16.67	72.07	14
陕西	27	17	44	181	14.92	9.39	24.31	16.21	71.63	15
甘肃	2	4	15	45	4.44	8.89	33.33	15.56	71.01	16
江西	4	1	6	25	16.00	4.00	24.00	14.67	70.16	17

续表

省份	优秀学科数			一级学科博士点数	学科优秀相对系数			加权优秀相对系数	得分	排名
	学位中心	一流学科	ESI学科		学位中心	一流学科	ESI学科			
重庆	7	4	20	71	9.86	5.63	28.17	14.55	70.05	18
河南	4	4	16	60	6.67	6.67	26.67	13.33	68.89	19
辽宁	15	5	26	116	12.93	4.31	22.41	13.22	68.78	20
西藏	0	1	0	3	0.00	33.33	0.00	11.11	66.77	21
河北	3	2	14	58	5.17	3.45	24.14	10.92	66.59	22
云南	2	2	7	34	5.88	5.88	20.59	10.78	66.46	23
广西	0	1	5	22	0.00	4.55	22.73	9.09	64.85	24
宁夏	0	1	1	8	0.00	12.50	12.50	8.33	64.13	25
青海	0	1	0	4	0.00	25.00	0.00	8.33	64.13	26
新疆	0	4	2	24	0.00	16.67	8.33	8.33	64.13	27
海南	0	1	1	9	0.00	11.11	11.11	7.41	63.25	28
贵州	0	1	2	14	0.00	7.14	14.29	7.14	62.99	29
山西	0	1	6	46	0.00	2.17	13.04	5.07	61.02	30
内蒙古	0	1	2	25	0.00	4.00	8.00	4.00	60.00	31

备注：①学科优秀相对系数 = ESI 优秀学科数（或学位中心优秀学科数或一流学科数）/ 一级学科博士点数 ×100；②加权优秀相对系数 = ESI 学科优秀相对系数 ×1/3+ 学位中心学科优秀相对系数 ×1/3+ 一流学科优秀相对系数 ×1/3；③得分为加权优秀相对系数的标准化得分；④ "一流学科" 名单来源于中华人民共和国教育部官方网站，进入 ESI 排名前 1% 学科数来源于汤森路透网站，2017 年度的检索时间为 2017-10-31；第四轮学科评估结果来源于教育部学位与研究生教育发展中心官方网站；一级博士学位点数通过 2016 年各省份一级博士点数结合《国务院学位委员会关于下达 2017 年动态调整撤销和增列的学位授权点名单的通知》计算而得

4. 导师规模

按照研究生生师比对各省进行排名，研究生生师比最低的前 7 位为河南、西藏、海南、新疆、宁夏、青海、广西，其生师比均等于或小于 4，这意味不

超过 4 位研究生就可以拥有 1 位研究生导师。而在北京，平均 4.87 位研究生才拥有 1 位研究生导师；在上海，平均每 6.48 位研究生才能拥有 1 位研究生导师。因此，从某种意义上来讲，研究生聚集的省份不一定有与之规模相匹配的师资规模，研究生稀少的省份师资反而较为充足。值得提醒的是，排名最后一位的吉林，其生师比最高，为 6.69，这意味着接近 7 位研究生被同一名导师指导（表 4-7）。

研究生聚集的省份不一定有匹配的师资，研究生稀少的省份师资反而较为充足

表4-7 2018年分省份研究生生师比排名

省份	博士生师比	硕士生师比	研究生生师比	得分	排名
河南	1.56	3.21	3.32	100.00	1
西藏	0.96	3.56	3.40	99.05	2
海南	1.27	3.54	3.72	95.25	3
新疆	1.98	3.66	3.79	94.42	4
宁夏	1.42	3.78	3.86	93.59	5
青海	1.34	3.86	3.90	93.12	6
广西	1.75	3.85	4.00	91.93	7
江西	1.77	4.08	4.19	89.67	8
山东	3.19	3.79	4.23	89.20	9
山西	3.49	3.97	4.30	88.37	10
云南	2.85	4.06	4.37	87.54	11
河北	3.13	4.20	4.39	87.30	12
贵州	2.95	4.27	4.40	87.18	13
内蒙古	3.25	4.15	4.43	86.82	14

续表

省份	博士生师比	硕士生师比	研究生生师比	得分	排名
北京	3.56	3.63	4.87	81.60	15
福建	2.00	3.91	4.94	80.77	16
广东	3.48	4.47	5.14	78.40	17
黑龙江	3.73	4.32	5.16	78.16	18
甘肃	3.67	4.75	5.35	75.91	19
浙江	3.89	4.48	5.37	75.67	20
安徽	4.22	4.89	5.49	74.24	21
江苏	3.75	4.92	5.66	72.23	22
湖南	4.69	5.02	5.68	71.99	23
天津	3.45	5.37	5.87	69.73	24
重庆	4.32	5.31	5.88	69.61	25
辽宁	4.69	5.23	6.05	67.60	26
湖北	4.36	5.14	6.07	67.36	27
四川	4.49	5.46	6.23	65.46	28
陕西	4.52	5.43	6.27	64.99	29
上海	3.99	5.68	6.48	62.49	30
吉林	5.47	6.77	6.69	60.00	31

备注：①研究生导师可分为博士研究生导师（以下简称博士导师）、硕士研究生导师（以下简称硕士导师）和博士研究生硕士研究生导师（以下简称博士硕士导师）三种类型，博士导师仅指导博士研究生，硕士导师仅指导硕士研究生，博士硕士导师既指导博士研究生也指导硕士研究生；②在学研究生数为全口径，包括不同类型、不同形式和不同层次的研究生；③博士生师比 = 在学博士研究生数 /（博士导师数 + 博士硕士导师数）；硕士生师比 = 在学硕士研究生数 /（硕士导师数 + 博士硕士导师数）；研究生导师数 = 硕士导师数 + 博士导师数 + 博士硕士导师数；研究生生师比 = 在学研究生总数 /（研究生导师数）；数据来源于《中国学位与研究生教育发展年度报告（2016）》；④由于生师比不存在绝对 0 点，故标准化得分的方式略有不同，其公式为 $y_i = 100 - 40 \times (x_i - x_{min})/(x_{max} - x_{min})$。

5. 研究生教育研究

本报告使用各省学者在 CSSCI 期刊上发表，符合研究生教育主题的论文数量，作为衡量各省探索研究生教育规律的指标。

北京学者在CSSCI期刊上发表关于研究生教育的学术论文占总数的
15.74%，排名第一

从论文发表的情况来看，北京排名第一，其域内学者在 CSSCI 期刊上发表关于研究生教育的学术论文占总数的 15.74%。民族地区在研究生教育规律探索的积累尚浅，广西、贵州、云南、海南、内蒙古、新疆及西藏 7 个省份发表的刊登在 CSSCI 期刊上探索研究生教育规律的论文占比都低于 1%（表 4-8）。

表4-8　2018年分省份研究生教育规律探索排名

省份	比例/%	得分	排名
北京	15.74	100.00	1
江苏	13.78	95.00	2
浙江	7.26	78.44	3
广东	6.03	75.31	4
上海	6.03	75.31	5
湖北	5.41	73.75	6
山东	5.29	73.44	7
陕西	3.44	68.75	8
重庆	3.44	68.75	9
江西	2.95	67.50	10
天津	2.95	67.50	
黑龙江	2.83	67.19	
吉林	2.83	67.19	12
辽宁	2.83	67.19	
福建	2.71	66.88	15

续表

省份	比例/%	得分	排名
河南	2.58	66.56	16
湖南	2.21	65.63	17
河北	1.97	65.00	18
安徽	1.72	64.38	19
四川	1.60	64.06	20
甘肃	1.35	63.44	21
山西	1.35	63.44	21
广西	0.86	62.19	21
贵州	0.74	61.88	24
云南	0.74	61.88	24
海南	0.49	61.25	24
内蒙古	0.37	60.94	27
新疆	0.37	60.94	27
西藏	0.12	60.31	29

备注：①单位统计仅为第一作者单位；②宁夏和青海发表文章数皆为0，未纳入表中；③研究生教育领域论文数来源于中国知网

6. 国际交流与合作

甘肃省有14个中外合作办学项目，与天津、广东并列第四

国际交流与合作是反映各省研究生教育支撑条件的重要方面。从各省市硕士及以上中外合作办学项目数上来看，北京的合作办学项目最多，有59个，上海次之有40个。值得一提的是，甘肃省有14个中外合作办学项目，与天津、广东并列第四。此外，仍然有9个省份尚未拥有教育部审核通过的中外合作办学项目（表4-9）。

表4-9　2018年分省份硕士及以上中外合作办学项目数排名

省份	合作办学项目数	得分	排名
北京	59	100.00	1
上海	40	87.12	2
浙江	19	72.88	3
甘肃	14	69.49	
广 东	14	69.49	4
天津	14	69.49	
江苏	12	68.14	7
江西	9	66.10	8
四川	8	65.42	9
湖北	7	64.75	10
山东	6	64.07	
陕西	6	64.07	11
黑龙江	5	63.39	
辽宁	5	63.39	13
重庆	5	63.39	
云南	3	62.03	16
安徽	2	61.36	
河北	2	61.36	17
福建	1	60.68	
贵州	1	60.68	
湖南	1	60.68	19
吉林	1	60.68	

备注：①数据来源于中国教育部中外合作办学监管工作信息平台 http://www.crs.jsj.edu.cn//，检索时间为 2018-03-07；②广西、海南、河南、内蒙古、宁夏、青海、山西、西藏及新疆地区硕士及以上中外合作办学项目数为 0，故未纳入表中

7.专业学位

专业学位是适应社会需求建立的学位类型，其发展状况能够在一定程度上反映省域研究生教育对应用型人才需求的支撑。限于数据的可得性，本报告主要通过分析专业学位的博士点和硕士点数量，评估省域专业学位发展状况。

专业学位得分排名前三名的为北京、江苏和上海

博士专业学位授权点数量最多的前三名省市分别为北京、江苏和上海，且北京数量要远远高于江苏和上海。云南、山西和内蒙古等 8 个省份目前暂无博士专业学位授权点。专业学位硕士点最多的前三名省市为北京、江苏和湖北。此外，宁夏、青海和西藏均设有不少于 10 个的硕士专业学位授权点。总的来说，专业学位得分排名前三名的为北京、江苏和上海（表4-10）。

表4-10　2018年分省份专业学位点

省份	博士专业学位点		排名	硕士专业学位点		排名	总得分	排名
	数量	得分		数量	得分			
北京	17	100.00	1	413	100.00	1	100.00	1
江苏	9	81.18	3	271	85.91	2	83.55	2
上海	11	85.88	2	210	79.85	4	82.87	3
湖北	7	76.47	5	238	82.63	3	79.55	4
广东	8	78.82	4	181	76.97	7	77.90	5
山东	6	74.12	6	203	79.16	5	76.64	6
陕西	6	74.12	7	175	76.38	8	75.25	7
四川	5	71.76	11	166	75.48	9	73.62	8
辽宁	3	67.06	15	190	77.87	6	72.46	9
吉林	5	71.76	8	127	71.61	14	71.69	10
浙江	5	71.76	9	125	71.41	15	71.59	11
湖南	4	69.41	13	146	73.50	10	71.46	12
重庆	5	71.76	10	103	69.23	19	70.50	13

省份	博士专业学位点		排名	硕士专业学位点		排名	总得分	排名
	数量	得分		数量	得分			
黑龙江	4	69.41	12	112	70.12	17	69.77	14
天津	3	67.06	14	130	71.91	13	69.48	15
河北	2	64.71	17	136	72.51	11	68.61	16
安徽	2	64.71	18	118	70.72	16	67.71	17
河南	1	62.35	22	132	72.11	12	67.23	18
甘肃	3	67.06	16	73	66.25	22	66.66	19
江西	1	62.35	21	106	69.53	18	65.94	20
福建	1	62.35	20	94	68.34	20	65.35	21
新疆	2	64.71	19	64	65.36	25	65.03	22
广西	1	62.35	23	69	65.86	24	64.10	23
云南	0	60.00		92	68.14	21	64.07	24
山西	0	60.00		72	66.15	23	63.08	25
内蒙古	0	60.00		53	64.27	26	62.13	26
贵州	0	60.00	24	42	63.18	27	61.59	27
海南	0	60.00		18	60.79	28	60.40	28
宁夏	0	60.00		16	60.60	29	60.30	29
青海	0	60.00		15	60.50	30	60.25	30
西藏	0	60.00		10	60.00	31	60.00	31

备注：①总得分＝（博士专业学位点得分＋硕士专业学位点得分）/2；②数据来源于中国学位与研究生教育质量信息平台，检索时间为 2018-03-25

（二）社会贡献度排名

本报告从科技贡献、经济贡献和人口贡献三个维度，计算研究生教育的社会贡献度。

1.科技贡献

科技贡献主要统计拥有科学研究经历的研究生人数比例、R&D 人员中具有硕士和博士学位的比例。

研究生参与科研项目不仅能够培养专业领域的研究能力，也能培养项目管理、团队合作，以及人际交往等方面的"软能力"。因此，学术学位研究生是否具有参与科学研究项目的经历，是研究生培养质量的重要体现。由于科研项目参与率与学科性质密切相关，因此，我们分别计算人文社科类研究生的科研参与率（以下简称人文社科的科研参与率）得分和理工农医类研究生的科研参与率（以下简称理工农医的科研参与率）得分，再计算其平均得分。

甘肃、福建等省虽然参与科研的研究生数不多，但**参与科研比例较高**

从全国平均水平来看，人文社科的科研参与率为 11.73%，理工农医的科研参与率为 39.81%。排名第一的天津，其理工农医的科研参与率高达 58.45%，人文社科的科研参与率高达 19.76%。此外，所有省份理工农医参与科研的研究生比例均高于人文社科。最后，北京、上海、江苏等研究生教育大省参与科研的研究生数明显大于其他省份，但由于其在学人数也非常多，所以其比例不高；反观甘肃、福建等省虽然参与科研的研究生数不多，但其在学研究生数也非常少，故比例较高（表 4-11）。

表4-11 2018年分省份学术学位在学研究生拥有科研项目参与经历的比率的排名

省份	参与科研的研究生数/人		学术学位在学生数/人		在学研究生有科研项目参与经历的比率/%		得分	排名
	人文社科	理工农医	人文社科	理工农医	人文社科	理工农医		
天津	2319	12476	11738	21345	19.76	58.45	97.67	1
浙江	2624	12798	11838	28271	22.17	45.27	94.62	2
陕西	3437	25053	17050	51314	20.16	48.82	94.14	3
广东	1858	20649	18851	35291	9.86	58.51	88.22	4

续表

省份	参与科研的研究生数/人		学术学位在学生数/人		在学研究生有科研项目参与经历的比率/%		得分	排名
	人文社科	理工农医	人文社科	理工农医	人文社科	理工农医		
甘肃	1210	4280	6117	12821	19.78	33.38	87.50	5
吉林	2092	10922	16560	21920	12.63	49.83	87.35	6
辽宁	2408	20142	19753	40113	12.19	50.21	87.08	7
江苏	4465	29851	26636	76776	16.76	38.88	86.85	8
重庆	1996	7555	13358	18113	14.94	41.71	86.26	9
北京	11092	49357	69353	150028	15.99	32.90	83.68	10
福建	693	7874	8926	15528	7.76	50.71	83.05	11
湖北	2363	24804	31203	48846	7.57	50.78	82.89	12
新疆	641	1632	4489	5647	14.28	28.90	80.42	13
河北	1337	3425	7618	16694	17.55	20.52	80.14	14
云南	1247	2687	8308	10178	15.01	26.40	80.10	15
湖南	1570	9770	15057	26697	10.43	36.60	79.86	16
广西	105	5518	6093	9809	1.72	56.25	79.52	17
上海	2851	21035	33740	55340	8.45	38.01	78.54	18
山西	463	4671	6721	11467	6.89	40.73	78.15	19
山东	596	12501	15800	32345	3.77	38.65	74.32	20
四川	1267	12480	19475	39037	6.51	31.97	74.22	21
贵州	78	2240	3075	5457	2.54	41.05	74.12	22
安徽	581	6024	7993	22938	7.27	26.26	72.63	23
河南	454	3819	7483	14632	6.07	26.10	71.42	24
黑龙江	221	11086	9986	32428	2.21	34.19	71.02	25
内蒙古	175	1563	4044	5980	4.33	26.14	69.77	26

续表

省份	参与科研的研究生数/人		学术学位在学生数/人		在学研究生有科研项目参与经历的比率/%		得分	排名
	人文社科	理工农医	人文社科	理工农医	人文社科	理工农医		
海南	68	263	1086	1430	6.26	18.39	68.47	27
青海	37	156	920	754	4.02	20.69	67.26	28
西藏	14	62	1103	231	1.27	26.84	67.13	29
江西	92	2155	7031	8283	1.31	26.02	66.83	30
宁夏	40	154	1007	1655	3.97	9.31	62.59	31
总计	48394	327002	412412	821368	11.73	39.81		

备注：①各学科在学研究生有科研项目参与经历的比率＝参与科研的研究生数／学术学位在学生数；②得分＝（人文社科标准化得分＋理工农医标准化得分）/2；③人文社科领域参与科研项目的研究生数来源于《2016年全国高校社科统计资料汇编》；理工农医领域参与科研项目的研究生数来源于《2016年高等学校科技统计资料汇编》

本统计可能存在着一定的误差，一方面原因在于，数据来源于不同学科的统计年鉴，统计口径略有不同。例如，人文社科参与科研的研究生数是指当年已具有科研经历，且被纳入R&D人员统计的在学研究生数，但理工农医参与科研的研究生数由于缺乏对应的统计口径，采用当年正参加R&D课题研究的在学研究生数替代，统计时间皆为2016年。另一方面，专业学位在学研究生也可能参与科学研究，但在学研究生规模的统计仅包括学术学位研究生。此外，参与科研的研究生数统计的是研究生参与科研的人次，即同一研究生可以参与多个科研项目。

R&D人员中具有博士、硕士学位人数最多的是北京，共有149381人

R&D人员中具有研究生学历的人数，可以进一步看出研究生教育对于社会的科技贡献度。总的来看，R&D人员中具有博士、硕士学位的总人数最多的是北京，共有149381人；其次为广东（131045人）与江苏（123834人）。其中，

北京的 R&D 人员中具有博士学历人数（67867 人）排名第一，比排名第二的江苏（34573 人）与第三的广东（28369 人）R&D 人员中具有博士学历人数之和更多。广东的 R&D 人员中具有硕士学历人数（102676 人）排名第一，江苏（89261人）位列第三（表4-12）。

表4-12　2018年R&D人员中具有研究生学历的人数

省份	博士学位			硕士学位			硕士、博士学位		
	人数	得分	排名	人数	得分	排名	人数	得分	排名
北京	67867	100.00	1	81514	91.68	3	149381	100.00	1
广东	28369	76.63	3	102676	100.00	1	131045	95.05	2
江苏	34573	80.30	2	89261	94.73	2	123834	93.11	3
山东	19861	71.59	5	57442	82.22	4	77303	80.55	4
上海	26871	75.74	4	42228	76.24	6	69099	78.33	5
浙江	19394	71.32	6	47334	78.25	5	66728	77.69	6
四川	16317	69.50	8	38117	74.63	7	54434	74.37	7
湖北	17290	70.07	7	28671	70.91	10	45961	72.09	8
辽宁	14432	68.38	9	27819	70.58	12	42251	71.09	9
湖南	12443	67.20	11	28257	70.75	11	40700	70.67	10
陕西	10496	66.05	13	29679	71.31	8	40175	70.53	11
河南	8792	65.04	16	29240	71.14	9	38032	69.95	12
安徽	11283	66.52	12	26487	70.06	14	37770	69.88	13
河北	6672	63.79	19	27596	70.49	13	34268	68.93	14
吉林	12733	67.37	10	21251	68.00	16	33984	68.86	15
福建	9740	65.60	15	21678	68.17	15	31418	68.16	16
天津	9990	65.75	14	20537	67.72	17	30527	67.92	17
黑龙江	8405	64.81	17	16947	66.31	18	25352	66.53	18
重庆	8142	64.66	18	16102	65.97	20	24244	66.23	19
广西	5231	62.94	21	16695	66.21	19	21926	65.60	20

续表

省份	博士学位			硕士学位			硕士、博士学位		
	人数	得分	排名	人数	得分	排名	人数	得分	排名
云南	6020	63.40	20	13233	64.85	21	19253	64.88	21
山西	4247	62.35	23	11990	64.36	22	16237	64.07	22
江西	4298	62.38	22	11338	64.10	23	15636	63.90	23
甘肃	4065	62.25	24	8182	62.86	25	12247	62.99	24
新疆	3158	61.71	25	8879	63.14	24	12037	62.93	25
贵州	2810	61.50	26	7780	62.70	26	10590	62.54	26
内蒙古	2295	61.20	27	7277	62.51	27	9572	62.27	27
海南	1313	60.62	28	2782	60.74	28	4095	60.79	28
宁夏	904	60.37	29	2696	60.71	29	3600	60.66	29
青海	516	60.14	30	1330	60.17	30	1846	60.18	30
西藏	271	60.00	31	901	60.00	31	1172	60.00	31

备注：数据来源于《中国科技统计年鉴（2017）》

2. 经济贡献

北京从事非科研工作的研究生比例最高，为6.35%

从事非科研工作的研究生占就业人口比例，体现了研究生对劳动力市场的经济贡献度。北京从事非科研工作的研究生比例最高，为6.35%；其次为上海，比例是4.51%；海南从事非科研工作的研究生比例最低，仅为0.12%（表4-13）。

表4-13　2018年就业人口中从事非科研工作的研究生比例

省份	比例/%	得分	排名
北京	6.35	100.00	1
上海	4.51	88.20	2

续表

省份	比例/%	得分	排名
天津	1.74	70.43	3
浙江	0.91	65.07	4
湖北	0.89	64.95	5
江苏	0.86	64.78	6
新疆	0.78	64.24	7
重庆	0.72	63.87	8
辽宁	0.61	63.16	9
山西	0.59	63.03	10
宁夏	0.51	62.55	11
福建	0.50	62.48	12
山东	0.47	62.25	13
黑龙江	0.46	62.19	14
内蒙古	0.44	62.05	15
陕西	0.43	62.02	16
湖南	0.39	61.77	17
广西	0.39	61.73	18
安徽	0.38	61.66	19
广东	0.38	61.66	20
河北	0.36	61.58	21
吉林	0.30	61.16	22
云南	0.29	61.14	23
甘肃	0.29	61.08	24
河南	0.28	61.07	25
四川	0.26	60.94	26
江西	0.23	60.75	27
西藏	0.16	60.25	28

中国研究生教育质量报告（2018）

续表

省份	比例/%	得分	排名
贵州	0.12	60.03	29
青海	0.12	60.02	30
海南	0.12	60.00	31

备注：①从事非科研工作研究生比例 = 从事非科研工作研究生数 / 从事非科研工作劳动力数；从事非科研工作研究生数 = 就业人口中研究生数 –R&D 人员中研究生人数；从事非科研工作劳动力数 = 就业人口数 –R&D 人员数；②就业人口中研究生数来源于《中国人口和就业统计年鉴（2017）》，R&D 人员中研究生人数来源于《中国科技统计年鉴（2017）》

3. 人口贡献

人口贡献通过就业人口中具有研究生学历的人数所占比例衡量，该指标反映了省域研究生教育为提升域内就业人口素质所做的贡献。

从劳动力人口具有研究生的学历上占比来看，其他省份都远低于北京、上海和天津

从 2016 年就业人口中具有研究生学历的人数占比可以看出，北京、上海、天津是研究生"密度"最大的三个城市，就业人口中具有研究生学历人数的占比分别为 6.8%、4.7% 和 2.2%；江苏、浙江和湖北的就业人口中具有研究生学历人数占比均为 1%；其他省市就业人口中具有研究生学历的人数占比均低于 1%。这说明从劳动力人口的学历上来看，其他省份与北京、上海和天津都有非常显著的距离（表 4-14）。

表4-14　2018年就业人口中具有研究生学历的比例

省份	就业人口中具有研究生学历的人数占比/%	得分	排名
北京	6.8	100.00	1
上海	4.7	87.27	2
天津	2.2	72.12	3

续表

省份	就业人口中具有研究生学历的人数占比/%	得分	排名
江苏	1	64.85	
浙江	1	64.85	4
湖北	1	64.85	
新疆	0.9	64.24	7
辽宁	0.8	63.64	
重庆	0.8	63.64	8
山西	0.7	63.03	
黑龙江	0.7	63.03	10
陕西	0.7	63.03	
福建	0.6	62.42	
山东	0.6	62.42	
湖南	0.6	62.42	13
宁夏	0.6	62.42	
河北	0.5	61.82	
内蒙古	0.5	61.82	
吉林	0.5	61.82	
安徽	0.5	61.82	17
广东	0.5	61.82	
广西	0.5	61.82	
河南	0.4	61.21	
四川	0.4	61.21	
云南	0.4	61.21	23
甘肃	0.4	61.21	
江西	0.3	60.61	27

续表

省份	就业人口中具有研究生学历的人数占比/%	得分	排名
海南	0.2	60.00	
贵州	0.2	60.00	28
西藏	0.2	60.00	
青海	0.2	60.00	

注：数据来源于《中国人口与就业统计年鉴（2017）》

（三）发展契合度排名

发展契合度是衡量省域研究生教育发展与该省经济社会发展的契合程度，从经济契合度、科技契合度和人口契合度三个方面考察。

1.经济契合度

31个省份近十年在学研究生规模与其GDP相关系数大于0.7

省域在学研究生规模与GDP的相关系数是衡量经济契合度的重要指标。31个省份近十年在学研究生规模与其GDP呈高度正相关（相关系数大于0.7）。其中，福建相关系数最大，为0.9963；其次为宁夏（0.9950）和海南（0.9941）。这说明所有省份的研究生规模与经济发展保持高度一致（表4-15）。

表4-15 2018年分省、市在学研究生规模与GDP的相关系数（2007—2016）

省份	在学研究生规模与GDP相关系数	得分	排名
福建	0.9963	100.00	1
宁夏	0.9950	99.42	2
海南	0.9941	99.04	3
河北	0.9930	98.57	4
青海	0.9924	98.33	5

续表

省份	在学研究生规模与GDP相关系数	得分	排名
内蒙古	0.9923	98.25	6
北京	0.9917	97.99	7
新疆	0.9909	97.64	8
河南	0.9907	97.56	9
陕西	0.9897	97.12	10
西藏	0.9879	96.36	11
江苏	0.9878	96.30	12
广西	0.9876	96.21	13
黑龙江	0.9860	95.54	14
浙江	0.9844	94.85	15
天津	0.9844	94.84	16
江西	0.9838	94.57	17
湖南	0.9822	93.87	18
安徽	0.9800	92.95	19
上海	0.9781	92.13	20
贵州	0.9756	91.02	21
广东	0.9743	90.48	22
甘肃	0.9733	90.02	23
山西	0.9728	89.83	24
山东	0.9725	89.67	25
吉林	0.9717	89.34	26
云南	0.9659	86.84	27
四川	0.9656	86.71	28
湖北	0.9529	81.21	29

续表

省份	在学研究生规模与GDP相关系数	得分	排名
重庆	0.9522	80.90	30
辽宁	0.9039	60.00	31

备注：①相关系数采用 Person 相关系数计算；②相关系数的绝对值大于 0.7 说明二者呈高度相关，介于 0.4 和 0.7 之间说明二者呈中度相关，低于 0.4 大于 0 说明二者呈低度相关；③在学研究生规模来源于《中国教育统计年鉴》（2007—2016），GDP 数据来源于《中国统计年鉴》（2007—2016）

2. 科技契合度

省域在学研究生规模与技术市场成交额的相关系数是衡量科技契合度的重要指标。北京、贵州、青海、福建、湖南等 24 个省份近十年在学研究生规模与技术市场成交额呈现高度正相关（相关系数高于 0.7）。其中，北京（0.9897）、江苏（0.9819）和江西（0.9487）相关系数最大。广西、重庆和吉林近十年来在学研究生规模与其技术市场成交额呈现中度正相关（相关系数介于 0.4 和 0.7 之间），这说明上述省份的研究生规模能够比较好地满足技术市场成交额所表征的科技需求。此外，新疆近十年在学研究生规模与其技术市场成交额相关性非常低（相关系数的绝对值小于 0.1），呈现低度负相关，这说明新疆地区的研究生教育规模可能无法满足新疆地区的科技需求（表 4-16）。

北京、贵州、青海、福建、湖南等24个省份近十年在学研究生规模与技术市场成交额呈现高度正相关（相关系数高于0.7）

表4-16　2018年分省份在学研究生规模与技术市场成交额的相关系数（2007—2016）

省份	在学研究生规模与技术市场成交额相关系数	得分	排名
北京	0.9897	100.00	1
江苏	0.9819	99.79	2
江西	0.9487	98.90	3

续表

省份	在学研究生规模与技术市场成交额相关系数	得分	排名
贵州	0.9431	98.74	4
陕西	0.9354	98.54	5
黑龙江	0.9277	98.33	6
河南	0.9240	98.23	7
上海	0.9210	98.15	8
安徽	0.9139	97.96	9
山西	0.9057	97.74	10
甘肃	0.9001	97.59	11
青海	0.8984	97.54	12
辽宁	0.8950	97.45	13
广东	0.8906	97.33	14
福建	0.8885	97.28	15
云南	0.8831	97.13	16
天津	0.8794	97.03	17
山东	0.8786	97.01	18
河北	0.8461	96.14	19
四川	0.8142	95.27	20
宁夏	0.8000	94.89	21
湖北	0.7816	94.40	22
浙江	0.7504	93.56	23
湖南	0.7326	93.08	24
广西	0.6563	91.03	25
重庆	0.6336	90.41	26
吉林	0.5101	87.09	27
内蒙古	0.2364	79.72	28
海南	0.1942	78.59	29

续表

省份	在学研究生规模与技术市场成交额相关系数	得分	排名
新疆	−0.4962	60.00	30
西藏	—	—	—

备注：①相关系数采用 Person 相关系数计算；②相关系数的绝对值大于 0.7 说明二者呈高度相关，介于 0.4 和 0.7 之间说明二者呈中度相关，低于 0.4 大于 0 说明二者呈低度相关；③各省市在学研究生规模来源于《中国教育统计年鉴》（2007—2016），技术市场成交额来源于《中国统计年鉴》（2007—2016）

3. 人口契合度

省域在学研究生规模与城镇人口规模的相关系数是衡量省域人口契合度的重要指标。从在学研究生规模与城镇人口规模的相关系数可以看出，31 个省份近十年来在学研究生规模与其同期城镇人口规模皆呈现高度正相关（相关系数高于 0.7），说明所有省份的在学研究生规模与省域城镇人口数量保持高度同步（表4-17）。

所有省份的在学研究生规模与省域城镇人口数量保持高度同步

表4-17　2018年分省份在学研究生规模与城镇人口的相关系数（2007—2016）

省份	在学研究生规模与城镇人口的相关系数	得分	排名
内蒙古	0.9971	100.00	1
福建	0.9952	99.53	2
江苏	0.9947	99.41	3
天津	0.9931	98.99	4
广东	0.9926	98.87	5
青海	0.9922	98.76	6
陕西	0.9911	98.48	7
宁夏	0.9898	98.16	8

省份	在学研究生规模与城镇人口的相关系数	得分	排名
河南	0.9895	98.08	9
海南	0.9879	97.67	10
江西	0.9831	96.45	11
浙江	0.9827	96.36	12
辽宁	0.9820	96.18	13
贵州	0.9808	95.88	14
河北	0.9776	95.05	15
新疆	0.9773	94.97	16
山西	0.9771	94.94	17
湖北	0.9743	94.22	18
重庆	0.9695	93.01	19
湖南	0.9675	92.49	20
安徽	0.9601	90.62	21
云南	0.9598	90.54	22
黑龙江	0.9548	89.26	23
山东	0.9523	88.64	24
甘肃	0.9518	88.51	25
广西	0.9487	87.71	26
北京	0.9458	86.99	27
四川	0.9436	86.42	28
上海	0.9219	80.92	29
西藏	0.9133	78.73	30
吉林	0.8395	60.00	31

备注：①相关系数采用 Person 相关系数计算；②相关系数的绝对值大于 0.7 说明二者呈高度相关，介于 0.4 和 0.7 之间说明二者呈中度相关，低于 0.4 大于 0 说明二者呈低度相关；③各省份在学研究生规模来源于《中国教育统计年鉴》，城镇人口数据来源于《中国人口和就业统计年鉴（2017）》

三、省域研究生教育质量的年度变化

本节对针对各指标在 2018 年表现与前一年度指标数值进行比较以反映各省研究生教育质量的年度变化。然而，不同指标在年度之间的可比性有所不同：一般而言，数据来源于统计年鉴的指标，如生均高等学校 R&D 经费内部支出、生师比等在年度之间具有高度可比性；数据来源于非年度的周期性出版物或政策文本的指标，如各省市入选"一流学科"数在年度之间并不具有可比性。因此，本报告从上一小节中选择有代表性的观测指标，开展年度变化分析及因素分析。

生均高等教育 R&D 经费内部支出增长幅度最大的为青海，其增长率高达 **82.79%**

从各省市生均高等教育 R&D 经费内部支出来看，增长幅度最大的省市为青海，其生均高等教育 R&D 经费内部支出增长率高达 82.79%。依据因素分析的结果，青海由于高等教育 R&D 经费内部支出的增长，使其生均高等教育 R&D 经费内部支出增长了 99.01%；由于在学研究生数的增长，使其生均高等教育 R&D 经费内部支出降低了 8.15%。同样，福建、广东的生均高等教育 R&D 经费内部支出增长幅度较大，福建达到了 76.73%，广东达到了 71.73%。呈现此类情况的还有重庆、宁夏、河北和广西等 14 个省份。由此可见，高等教育 R&D 经费内部支出增幅高于在学研究生规模增幅，是导致上述省份生均高等教育 R&D 经费增长的主要原因。

四川、海南和湖南的生均高等教育 R&D 经费内部支出有所下降。以海南为例，由于高等教育 R&D 经费内部支出的增长，使其生均高等教育 R&D 经费内部支出增长了 7.30%。然而，由于在学研究生数的增长，使其生均高等教育 R&D 经费内部支出降低了 8.17%。因此，海南生均高等教育 R&D 经费内部支出降低了 1.46%。由此可见，影响上述三省生均经费降低的原因是高等教育 R&D 经费内部支出增幅低于在学研究生规模增幅。

安徽、北京、江西、山东和浙江等 11 个省、直辖市的生均高等教育 R&D 经

费内部支出也有所下降。以北京为例，高等教育 R&D 经费内部支出的降低使其生均高等教育 R&D 经费内部支出降低了 1.36%，在学研究生数的增长使其生均高等教育 R&D 经费内部支出降低了 2.39%，因此整体上北京地区的生均高等教育 R&D 经费内部支出降低了 3.72%。因此，高等教育 R&D 经费内部支出的降低和在学研究生数的增长，同时导致上述地区生均高等教育 R&D 经费内部支出下降（表 4-18）。

表4-18 分省份生均高等教育R&D经费内部支出变化及因素分析（2015—2016）

省份	生均高等教育R&D经费内部支出/万元				各因素产生的增长率/%	
	2016	2015	年度变化率/%	排名	经费	在学研究生数
青海	5.96	3.26	82.79	1	99.01	-8.15
福建	6.35	3.72	70.97	2	76.73	-3.26
广东	11.64	7.04	65.23	3	71.65	-3.74
重庆	5.09	3.76	35.37	4	39.71	-3.11
宁夏	5.40	4.14	30.33	5	37.64	-5.31
河北	3.83	3.18	20.30	6	24.79	-3.60
广西	4.93	4.21	17.12	7	21.43	-3.54
贵州	4.88	4.21	15.88	8	23.10	-5.86
内蒙古	2.09	1.82	14.60	9	18.16	-3.01
云南	3.56	3.30	8.07	10	11.57	-3.14
新疆	2.40	2.22	8.00	11	15.09	-6.16
黑龙江	7.06	6.60	7.06	12	9.78	-2.48
甘肃	2.48	2.35	5.43	13	10.99	-5.01
江苏	6.19	5.87	5.38	14	9.43	-3.70
上海	6.46	6.27	3.04	15	8.04	-4.62
河南	5.05	4.98	1.43	16	6.74	-4.97
天津	11.70	11.54	1.32	17	4.15	-2.72
四川	5.18	5.18	-0.02	18	2.80	-2.74

续表

省份	生均高等教育R&D经费内部支出/万元				各因素产生的增长率/%	
	2016	2015	年度变化率/%	排名	经费	在学研究生数
海南	3.72	3.78	−1.46	19	7.30	−8.17
湖南	3.73	3.79	−1.55	20	1.15	−2.67
安徽	5.22	5.41	−3.50	21	−0.96	−2.57
北京	5.05	5.25	−3.72	22	−1.36	−2.39
江西	3.40	3.60	−5.60	23	−0.78	−4.86
山东	4.50	4.81	−6.54	24	−1.22	−5.39
浙江	8.13	8.84	−8.02	25	−2.66	−5.51
辽宁	4.34	4.93	−12.01	26	−7.64	−4.74
湖北	3.99	4.62	−13.62	27	−11.74	−2.13
陕西	3.33	3.90	−14.60	28	−11.85	−3.12
山西	3.33	3.99	−16.60	29	−14.76	−2.15
吉林	2.74	3.90	−29.93	30	−27.65	−3.15
西藏	2.28	7.64	−70.14	31	−68.58	−4.96

国家自然科学基金总经费增幅最大的是福建省，增幅为**353.31%**

从国家自然科学基金总经费来看，共有 19 个省份相比前一年有所增加，增幅最大的是福建省，增幅为 353.31%；其次为江西（86.89%）、青海（49.16%）。浙江、北京、天津等 12 个省份的国家自然科学基金总经费有所降低，其中西藏的降幅最大，为 64.45%（表 4-19）。

表4-19　分省份国家自然科学基金总经费的年度变化（2016—2017）

省份	2016经费总数/万元	2017经费总数/万元	年度变化/%	排名
福建	25464	115432	353.31	1

续表

省份	2016经费总数/万元	2017经费总数/万元	年度变化/%	排名
江西	3119	5829	86.89	2
青海	419	625	49.16	3
云南	6847	9784	42.89	4
海南	1240	1671	34.76	5
山西	7166	8771	22.40	6
四川	38063	46100.8	21.12	7
湖北	71714	85076.2	18.63	8
山东	45737	53562	17.11	9
湖南	34842	39730.9	14.03	10
陕西	59275	67321.03	13.57	11
广东	91143	103287.4	13.32	12
上海	137569	155718.17	13.19	13
河北	9096	9924.99	9.11	14
江苏	127043	136660.46	7.57	15
吉林	25295	27186.36	7.48	16
重庆	25229	26674	5.73	17
宁夏	327	342	4.59	18
贵州	3062	3064	0.07	19
浙江	61249	61140.9	−0.18	20
北京	277708	276734.34	−0.35	21
天津	32636	32418	−0.67	22
甘肃	16158	15246	−5.64	23
辽宁	45576	42794.72	−6.10	24
河南	17384	16174	−6.96	25

续表

省份	2016经费总数/万元	2017经费总数/万元	年度变化/%	排名
新疆	2804	2579	−8.02	26
安徽	37433	33393	−10.79	27
黑龙江	35265	31139	−11.70	28
内蒙古	1433	1230	−14.17	29
广西	3597	3008	−16.37	30
西藏	191	66	−65.45	31

国家社会科学总经费增幅最大的是贵州省（**63.04%**），其次为四川（**44.56%**）

从国家社会科学基金总经费来看，贵州、四川、陕西、浙江等24个省份相比前一年有所增加，增幅最大的是贵州省（63.04%），其次为四川（44.56%）、青海（39.38%）。江西、吉林、广西、新疆等7个省份的国家社会科学基金总经费较前一年有所下降，其中西藏地区降幅最大，为20.59%（表4-20）。

表4-20　分省份国家社会科学基金总经费的年度变化（2016—2017）

省份	2016经费总数/万元	2017经费总数/万元	年度变化/%	排名
贵州	690	1125	63.04	1
四川	2805	4055	44.56	2
河南	2260	3150	39.38	3
湖南	3465	4770	37.66	4
重庆	1735	2310	33.14	5
山西	885	1135	28.25	6
甘肃	960	1220	27.08	7
陕西	2280	2870	25.88	8
辽宁	1870	2345	25.40	9

续表

省份	2016经费总数/万元	2017经费总数/万元	年度变化/%	排名
云南	1885	2265	20.16	10
浙江	4340	5205	19.93	11
山东	3240	3835	18.36	12
河北	1180	1395	18.22	13
江苏	6500	7625	17.31	14
广东	4760	5390	13.24	15
安徽	1485	1680	13.13	16
上海	7100	8000	12.68	17
北京	12100	13485	11.45	18
天津	1850	2040	10.27	19
湖北	4595	4920	7.07	20
宁夏	480	510	6.25	21
黑龙江	1200	1250	4.17	22
内蒙古	1025	1055	2.93	23
青海	600	610	1.67	24
江西	2095	2065	−1.43	25
吉林	1920	1810	−5.73	26
广西	1300	1200	−7.69	27
新疆	1325	1210	−8.68	28
海南	450	405	−10.00	29
福建	2040	1780	−12.75	30
西藏	510	405	−20.59	31

25个省份ESI学科优秀相对系数有所增加，增幅最大的是贵州和新疆

从各省份 ESI 学科优秀相对系数来看，25 个省份 ESI 学科优秀相对系数有

所增加，增幅最大的省份是贵州和新疆。此外，只有辽宁省的 ESI 学科优秀相对系数有所降低。

河北、福建、江苏等 5 省，ESI 学科优秀相对系数增加的原因是，进入 ESI 前 1% 学科数的增幅高于一级学科博士点数的增幅。例如，河北的 ESI 前 1% 学科数的增多，使 ESI 学科优秀相对系数增长了 100%，但由于该地区一级学科博士点数的增加，导致 ESI 学科优秀相对系数降低了 1.72%，因此，整体上河北 ESI 学科优秀相对系数增长了 96.55%。

贵州、新疆、云南等 12 个省份的一级学科博士点数保持不变，但由于进入 ESI 前 1% 学科数增加，使 ESI 学科优秀相对系数呈现增长趋势。例如，贵州进入 ESI 前 1% 学科数的增多，使该地区 ESI 学科优秀相对系数增长了 100%，但由于一级学科博士点数保持不变，故整体上贵州 ESI 学科优秀相对系数增长了 100%（表 4-21）。

表4-21　分省份ESI学科优秀相对系数变化及因素分析（2016—2017）

省份	ESI学科优秀相对系数/%				各因素产生的增长率/%	
	2017	2016	年度变化率	排名	ESI学科数	一级学科博士点数
贵州	14.29	7.14	100.00	1	100.00	0.00
新疆	8.33	4.17	100.00	2	100.00	0.00
河北	24.14	12.28	96.55	3	100.00	−1.72
河南	26.67	15.00	77.78	4	77.78	0.00
云南	20.59	11.76	75.00	5	75.00	0.00
天津	32.94	22.35	47.37	6	47.37	0.00
重庆	28.17	19.72	42.86	7	42.86	0.00
福建	28.75	21.52	33.60	8	35.29	−1.25
浙江	56.96	42.86	32.91	9	25.00	6.33
四川	25.42	19.66	29.33	10	30.43	−0.85
安徽	36.00	28.00	28.57	11	28.57	0.00
江苏	38.52	30.25	27.33	12	28.24	−0.71

续表

省份	ESI学科优秀相对系数/%				各因素产生的增长率/%	
	2017	2016	年度变化率	排名	ESI学科数	一级学科博士点数
陕西	24.31	19.34	25.71	13	25.71	0.00
广东	42.55	34.04	25.00	14	25.00	0.00
广西	22.73	18.18	25.00	15	25.00	0.00
黑龙江	27.84	22.92	21.46	16	22.73	−1.03
江西	24.00	20.00	20.00	17	20.00	0.00
山西	13.04	10.87	20.00	18	20.00	0.00
山东	40.68	34.40	18.25	19	11.63	5.93
湖南	28.23	24.03	17.46	20	12.90	4.03
北京	25.84	22.40	15.35	21	12.20	2.81
吉林	17.58	15.38	14.29	22	14.29	0.00
甘肃	33.33	31.11	7.14	23	7.14	0.00
上海	40.28	37.85	6.41	24	7.41	−0.93
湖北	29.28	28.02	4.50	25	3.92	0.55
辽宁	22.41	22.61	−0.86	26	0.00	−0.86

备注：内蒙古、海南、宁夏、青海和西藏 2016 年 ESI 前 1% 学科数为 0，不能进行增长率分析，故未纳入表格

人文社会科学在学研究生参与科研比率增幅最高的是 内蒙古，为 215.09%

人文社会科学在学研究生参与科研比率增幅最高的是内蒙古，为 215.09%，这是参与科研项目的研究生数增加，以及在学研究生规模减少共同作用的结果。新疆和辽宁排名第二和第三，增幅分别为 54.43% 和 52.22%。此外，甘肃、福建、海南等 17 个省份的人文社会科学在学研究生参与科研比率有所下降，原因主要在于参与科研项目的研究生数减少（表 4-22）。

表4-22　分省份人文社会科学在学研究生参与科研比率变化及因素分析（2015—2016）

省份	人文社会科学在学研究生参与科研的比率/%				各因素产生的增长率/%	
	2015	2016	年度变化	排名	参与科研项目研究生数	在学校研究生数
内蒙古	1.37	4.33	215.09	1	196.61	6.23
新疆	9.25	14.28	54.43	2	55.96	-0.98
辽宁	8.01	12.19	52.22	3	47.73	3.04
陕西	14.88	20.16	35.50	4	29.94	4.28
河北	13.09	17.55	34.06	5	30.69	2.57
重庆	12.63	14.94	18.34	6	11.32	6.30
云南	13.77	15.01	8.99	7	7.97	0.95
吉林	11.70	12.63	7.95	8	7.12	0.77
河南	5.71	6.07	6.24	9	3.18	2.97
北京	15.25	15.99	4.85	10	4.68	0.16
山东	3.66	3.77	2.94	11	0.17	2.77
黑龙江	2.18	2.21	1.66	12	-5.15	7.18
湖北	7.46	7.57	1.57	13	0.08	1.48
甘肃	19.97	19.78	-0.96	14	-5.32	4.61
安徽	8.48	7.27	-14.32	15	-17.59	3.97
福建	9.10	7.76	-14.72	16	-19.23	5.59
浙江	27.15	22.17	-18.34	17	-17.87	-0.57
海南	7.99	6.26	-21.66	18	-20.93	-0.92
上海	10.88	8.45	-22.34	19	-18.94	-4.20
天津	25.54	19.76	-22.64	20	-26.52	5.28
江西	1.69	1.31	-22.66	21	-28.13	7.61
江苏	22.03	16.76	-23.90	22	-25.16	1.68
贵州	3.42	2.54	-25.92	23	-27.10	1.63
广东	15.04	9.86	-34.48	24	-35.17	1.06

续表

省份	人文社科在学研究生参与科研的比率/%				各因素产生的增长率/%	
	2015	2016	年度变化	排名	参与科研项目研究生数	在学校研究生数
湖南	17.37	10.43	−39.98	25	−43.79	6.77
西藏	2.35	1.27	−45.91	26	−46.15	0.45
山西	14.01	6.89	−50.83	27	−51.16	0.68
青海	8.75	4.02	−54.02	28	−54.32	0.65
广西	4.22	1.72	−59.16	29	−61.68	6.58
宁夏	9.74	3.97	−59.22	30	−59.18	−0.10
四川	28.62	6.51	−77.27	31	−78.47	5.58

各省份理工农医在学研究生参与科研比率都有所下降

总的来说，各省、市理工农医在学研究生参与科研比率都有所下降。其中，陕西、湖北、辽宁、广西等 26 个省份的下降幅度最小，原因主要在于参与科研项目的研究生数的减小以及在学研究生规模的增加。此外，吉林、四川、河南、河北以及宁夏的理工农医在学研究生参与科研比率下降，原因是参与科研项目研究生数的降低幅度大于在学研究生规模缩小幅度（表 4-23）。

表4-23 分省份理工农医在学研究生参与科研比率变化及因素分析（2015—2016）

省份	理工农医在学研究生参与科研的比率/%				各因素产生的增长率/%	
	2015	2016	年度变化	排名	参与科研项目研究生数	在学校研究生数
陕西	58.79	48.69	−17.17	1	−16.95	−0.27
湖北	63.46	49.89	−21.38	2	−19.99	−1.75
辽宁	63.48	48.90	−22.96	3	−20.90	−2.61
广西	72.81	55.08	−24.35	4	−22.74	−2.09
天津	77.91	57.52	−26.16	5	−24.97	−1.58

续表

省份	理工农医在学研究生参与科研的比率/%				各因素产生的增长率/%	
	2015	2016	年度变化	排名	参与科研项目研究生数	在学校研究生数
吉林	73.92	49.84	−32.58	6	−32.60	0.03
福建	80.29	49.89	−37.87	7	−36.84	−1.62
山西	63.78	39.37	−38.28	8	−36.14	−3.35
重庆	66.59	41.04	−38.38	9	−37.37	−1.62
甘肃	54.71	32.91	−39.86	10	−38.99	−1.42
广东	96.77	57.39	−40.70	11	−39.53	−1.92
黑龙江	57.66	33.34	−42.17	12	−40.71	−2.47
新疆	49.78	28.22	−43.31	13	−41.94	−2.35
山东	71.77	38.09	−46.92	14	−46.15	−1.44
北京	61.92	32.80	−47.03	15	−46.87	−0.30
上海	73.71	37.28	−49.43	16	−48.43	−1.93
江苏	78.00	38.24	−50.97	17	−50.15	−1.64
湖南	76.21	36.04	−52.71	18	−51.98	−1.52
四川	68.99	32.00	−53.61	19	−53.66	0.11
河南	57.62	26.28	−54.39	20	−54.70	0.68
浙江	96.24	43.78	−54.51	21	−52.96	−3.30
安徽	59.96	26.07	−56.52	22	−56.20	−0.72
河北	50.34	20.83	−58.61	23	−59.24	1.55
西藏	67.97	25.10	−63.07	24	−60.51	−6.48
江西	74.80	25.11	−66.43	25	−65.22	−3.48
贵州	127.41	40.13	−68.51	26	−67.78	−2.24
内蒙古	93.48	25.18	−73.06	27	−72.04	−3.66
海南	73.01	17.30	−76.30	28	−74.81	−5.92
云南	112.99	25.86	−77.11	29	−76.63	−2.04

续表

| 省份 | 理工农医在学研究生参与科研的比率/% | | | | 各因素产生的增长率/% | |
	2015	2016	年度变化（%）	排名	参与科研项目研究生数	在学校研究生数
青海	105.97	19.82	−81.29	30	−80.48	−4.19
宁夏	128.22	9.35	−92.71	31	−92.74	0.49

四、结论

由于各省市的发展契合度表现良好，各项教育发展指标与经济社会发展指标大多表现为高度正相关。因此，本报告依据不同省份在条件支撑度和社会贡献度上的表现进行分组，以了解各省研究生教育发展的共性和特性，优势和劣势（表4-24）。

表4-24　基于31个省份指标表现的分组

组别	条件支撑度	社会贡献度	省份
1	高	高	广东、北京、浙江、江苏、上海、天津、湖北
2	高	中	山东、黑龙江、安徽
3	中	高	重庆、辽宁、陕西
4	中	中	福建、湖南、广西、河北
5	中	低	四川、河南、江西
6	低	中	吉林、山西
7	低	低	青海、宁夏、云南、甘肃、贵州、海南、新疆、西藏、内蒙古

备注：①条件支撑度为高的省份为各项指标加权数排名为1—10，条件支撑度为中的省份排名为11—20，条件支撑度为低的省份排名为21—31；社会贡献度的分组规则与条件支撑度的分组规则保持一致；②由于发展契合度中的经济契合度与人口契合度所有省份均呈高度正向相关，科技契合度中有24个省份也呈高度正相关，即所有省份的契合度均非常高，故未纳入表中

按照组内的相似性分类，我国31个省份的研究生教育发展状况可分为：

第一类为支撑条件好、社会贡献度高的省份，包括第 1 组的广东、北京、浙江、江苏、上海、天津、湖北。这些省份的研究生教育发展具有很好的支撑条件，对科技、经济和人口的贡献率都很高。

第二类为支撑条件较好、社会贡献度较高的省份，包括第 2 组、第 3 组和第 4 组的山东、黑龙江、安徽、重庆、辽宁、陕西、福建、湖南、广西、河北。这些省份的整体优势不够突出，在支撑度或社会贡献度的局部指标上表现不俗。

第三类为支撑条件较差、社会贡献度较低的省份，包括第 5 组和第 6 组的四川、河南、江西、吉林、山西。这些省份自身条件支撑度一般，而且具有较强的人才外流倾向。

第四类为支撑条件差、社会贡献度低的省份，包括第 7 组的青海、宁夏、云南、甘肃、贵州、海南、新疆、西藏、内蒙古。这些省份自身条件支撑度差，而且人才外流倾向严重。

基于此，本报告提出如下建议。

第一类省份应提高资源利用率，探索研究生教育规律，提高社会贡献度，推动研究生教育的国际化，继续做好中国研究生教育的"排头兵"；进一步夯实支撑条件，特别是保障生均教育资源的不断增加；全方位提高研究生素养，满足社会对人才的多元化需求，促进研究生教育与社会的共同发展。

第二类省份应该提高资源利用效率，将资源优势转化为培养优势，充分发掘研究生培养规律，为社会发展做出更大的贡献。

第三类省份应该制定人才引进计划，通过实施人员落户、人才激励、住房保障等政策，引进高层次人才和紧缺人才，同时留住本土培养的优秀人才。

第四类省份应加大教育资源投入，通过联合办学、对口支援的方式提高省域研究生质量；主动适应社会需求，服务域内特色产业和优势学科发展。

第五章 研究生满意度调查

研究生满意度是反映、监测和评估研究生教育质量的一个重要维度与指标。开展研究生满意度调查、分析和研究，对于提高研究生教育质量和推动研究生教育内涵式发展具有重要意义。自 2012 年起，学位与研究生教育杂志社、北京理工大学研究生教育研究中心连续组织开展年度全国研究生满意度调查研究，并且不断改进调查设计，扩大调查样本，丰富调查方法，增强研究生满意度调查研究的客观性和科学性。连续七年的研究生满意度调查取得了重要发现和成果，受到了教育主管部门、研究生培养单位和社会各界的重视，发挥了咨询作用。2018 年的研究生满意度调查研究情况如下。

一、调查目的与方法

（一）调查目的

本调查的主要目的有三个：一是了解研究生对研究生教育总体上的满意度及其年度变化情况，对我国研究生教育的整体质量作出评价；二是获得研究生对研究生教育各个环节、各个方面的评价，发现研究生教育中存在的问题；三是探究不同群体研究生对研究生教育的评价的差别并揭示其意义。

（二）调查方法

2018 年研究生满意度调查问卷包含 38 道封闭式选择题。除基本信息及个别具体问题外，各调查问题采用李克特五级量表，将研究生的满意度评价分为非常满意、比较满意、一般、不太满意、非常不满意五个级别。

经测算，问卷内部一致性信度良好；结构方程模型显示，模型的拟合度各项指标良好，这表明该问卷具有较好的结构效度。

本次满意度调查在问卷发放形式上沿用了 2017 年的调查方法，向参与满意度调查的研究生培养单位发放纸质版和电子版两种形式的问卷。其中，电子版问卷分定制版和通用版，定制版为每个培养单位生成唯一的二维码，通用版则向所有研究生培养单位开放。电子版问卷可以通过邮件、微信、QQ 等多种方式发放和填写。参与纸质版问卷调查的研究生培养单位数量为 11 个，微信版为 98 个（每个培养单位的有效问卷至少 5 份）。

二、调查样本的基本情况

本次满意度共调查了 109 个研究生培养单位，其中"985 工程"高校 33 所[①]，"211 工程"高校 24 所[②]，其他高校 52 所；本次调查共向 11 个研究生培养单位发放纸质问卷 14000 份，回收问卷 13200 份，回收率 94.3%；有效问卷 12147 份，有效率 92.0%[③]；回收微信版问卷 51517 份，有效问卷 51019 份，有效率 99.0%。有效问卷总数为 63166 份。其中，"985 工程"高校最多，达到 26447 份，占 41.9%；"211 工程"高校 19296 份，占 30.5%；其他高校 17423 份，占 27.6%（图 5-1）。

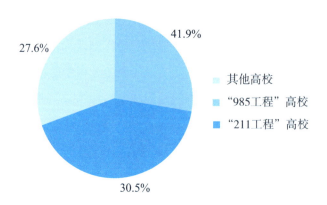

图5-1　不同类型培养单位调查样本分布

调查对象按性别分，男生 28636 人，占 45.3%；女生 34530 人，占 54.7%。

---

① 指列入"985 工程"建设的高校。

② 指列入"211 工程"但未列入"985 工程"的高校。

③ 本调查的无效问卷是指在 53 道题中超过 10 道题没有填答的问卷，除此之外皆为有效问卷。

按培养层次分,硕士研究生 55219 人,占 87.4%;博士研究生人 7947,占 12.6%;硕士研究生中,一年级 23073 人,二年级 19613 人,三年级 12533 人;博士研究生中,一年级 2628 人,二年级 2288 人,三年级 1699 人,四年级及以上 1332 人。按不同学习方式分,全日制研究生 61730 人,非全日制研究生 1436 人。按培养类型分,学术学位研究生 42042 人,占 66.6%(具体学科分布情况见表 5-1);专业学位研究生 21124 人,占 33.4%。

表5-1　学术学位研究生按学科分类情况

学科门类	人数/人	比例/%
工学	16534	39.4
理学	7643	18.2
管理学	3106	7.4
医学	2494	5.9
文学	2196	5.2
法学	2130	5.1
经济学	1954	4.6
农学	1805	4.3
教育学	1791	4.3
哲学	869	2.1
历史学	815	1.9
艺术学	644	1.5
军事学	61	0.1
合计	42042	100

满意度调查有效样本数量增加了**6000**余份

较之 2017 年的满意度调查,本次调查有效样本数量增加了 6000 余份;调查对象来自 109 个培养单位，参与调查的培养单位结构更加优化，这进一步保证了本次调查的代表性和科学性；本次满意度调查的数据呈现继续保持了均值、中位数、标准差三个统计量，以便各参与调查的研究生培养单位能够更好的分析运用本校的调查数据。

三、满意度调查结果

（一）研究生总体满意度

研究生教育的**总体满意率**达到**71.2%**

研究生对研究生教育的总体满意率达到 71.2%（表 5-2）。其中，研究生对课程教学的满意率为 69.0%，对科研训练的满意率为 69.1%，对指导教师的满意率为 84.2%，对管理与服务的满意率为 70.1%。

表5-2　2018年研究生总体满意度

选项	比例/%	满意率/%	均值	中位数	标准差
非常满意	29.0				
比较满意	42.2				
一般	22.6	71.2	3.92	4	0.93
不太满意	4.6				
非常不满意	1.6				

女生对研究生教育的总体满意率为**71.4%**，略高于男生

1. 不同性别群体相比，男生对研究生教育的总体满意率为 71.0%，女生对研究生教育的总体满意率为 71.4%（图 5-2）。

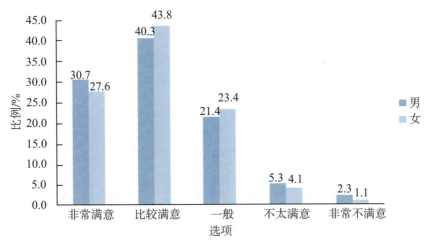

图5-2   不同性别研究生总体满意度比较

2. 在各类培养单位中，"985 工程"高校研究生对研究生教育的总体满意度最高，满意率达到了 72.8%；其次是"211 工程"高校（71.9%）；其他高校对研究生教育的总体满意度最低，满意率为 68.0%（图 5-3）。

"985工程"的总体满意度达到了72.8%

其他高校的总体满意率为68.0%

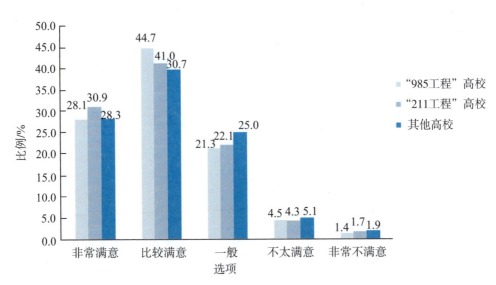

图5-3   不同类型培养单位研究生总体满意度比较

3. 在各学科门类学术学位研究生中，哲学研究生的总体满意度最高，满意率达到 80.1%。除哲学外，各学科门类中研究生总体满意率由高到低分别为艺术学（79.7%）、农学（74.0%）、历史学（73.6%）、文学（73.1%）、理学（72.6%）、法学（71.5%）、医学（70.6%）、经济学（70.4%）、工学（70.4%）、管理学（66.3%）、军事学（63.9%）、教育学（61.7%）(图5-4)。

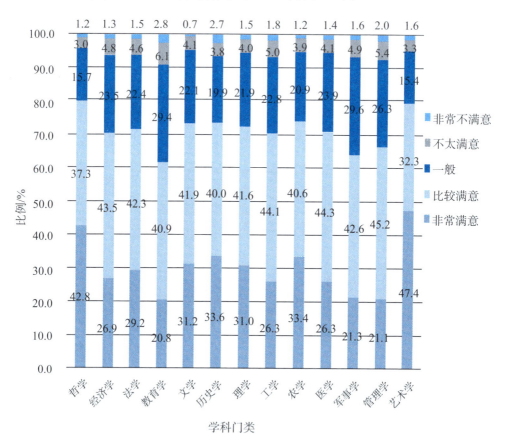

图5-4　各学科门类研究生总体满意度

博士生的总体满意度高于硕士生

4. 博士生的总体满意度高于硕士生。博士生的总体满意率达 74.1%，硕士研究生总体满意率为 70.8%（图 5-5）。

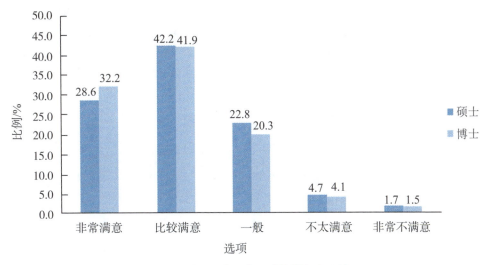

图5-5　不同层次研究生总体满意度比较

5.非全日制研究生的总体满意度高于全日制研究生。非全日制研究生的总体满意率达74.2%，全日制研究生总体满意率为71.1%（图5-6）。

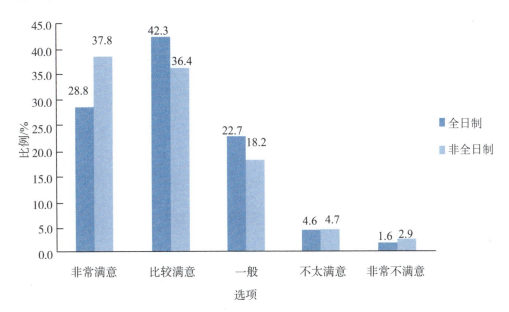

图5-6　不同学习方式研究生总体满意度比较

6.不同年级研究生相比，博士一年级研究生对研究生教育的总体满意度最高，满意率为77.5%，其次为硕士三年级（75.2%）、博士二年级（73.5%）、博士三年级（72.9%）、硕士一年级（70.9%）、博士三年级（70.4%），硕士二年级研究生对研究生教育的总体满意度最低，满意率仅为67.9%（图5-7）。

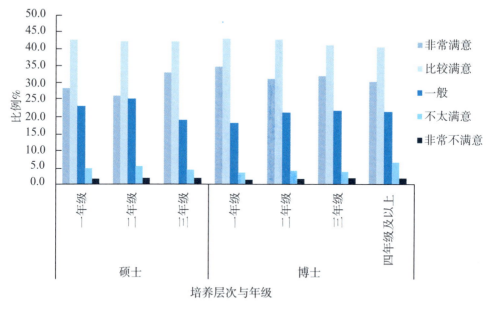

图5-7　不同年级研究生总体满意度比较

（二）课程教学满意度

课程教学的满意率为69.0%

研究生对课程教学的满意率为69.0%，比总体满意度低2.2百分点（表5-3）。

表5-3　研究生对课程教学的满意度

选项	比例/%	满意率/%	均值	中位数	标准差
非常满意	28.7				
比较满意	40.3				
一般	23.4	69.0	3.88	4	0.95
不太满意	5.8				
非常不满意	1.8				

1. 在各类培养单位中，"211 工程"高校研究生对课程教学的满意度最高，满意率达到 70.0%；其他高校研究生较其他类型培养单位满意率最低，仅为 67.4%（图 5-8）。

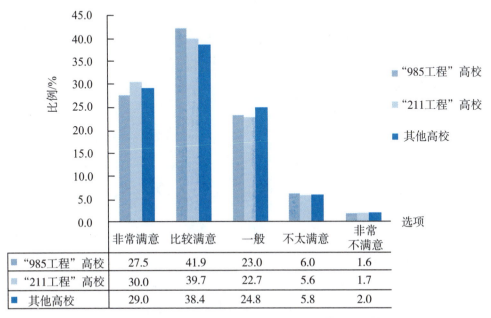

选项	非常满意	比较满意	一般	不太满意	非常不满意
"985工程"高校	27.5	41.9	23.0	6.0	1.6
"211工程"高校	30.0	39.7	22.7	5.6	1.7
其他高校	29.0	38.4	24.8	5.8	2.0

图5-8　不同培养单位研究生对课程教学的满意度比较

研究生对**课程体系合理性**的满意率只有**65.3%**

2. 研究生对课程体系合理性的评价相对偏低，满意率只有 65.3%（表 5-4），低于对课程教学的总体评价。

表5-4　研究生对课程体系合理性的评价

选项	比例/%	满意率/%	均值	中位数	标准差
非常满意	26.8				
比较满意	38.5				
一般	25.8	65.3	3.81	4	0.98
不太满意	6.9				
非常不满意	2.0				

研究生对课程前沿性的满意率只有65.7%

3.研究生对课程前沿性的评价也低于对课程教学的总体评价，满意率只有65.7%（表5-5）。

表5-5　研究生对课程前沿性的评价

选项	比例/%	满意率/%	均值	中位数	标准差
非常满意	28.3				
比较满意	37.4				
一般	25.7	65.7	3.83	4	0.98
不太满意	6.6				
非常不满意	2.0				

4.研究生对教师教学水平的评价较高，对教师教学方法的评价相对较低。78.3%的研究生对教师的教学水平表示满意，70.5%的研究生对教师的教学方法表示满意（表5-6），两者均高于研究生对课程教学的总体满意度。

表5-6　研究生对教学方法和教学水平的评价

类别	非常满意/%	比较满意/%	一般/%	不太满意/%	非常不满意/%	满意率/%	均值	中位数	标准差
教学方法	30.8	39.7	2.9	4.9	1.7	70.5	3.93	4	0.94
教学水平	36.4	41.9	7.2	3.2	1.3	78.3	4.09	4	0.89

研究生对课程教学的效果的评价普遍偏低

5.对于课程教学的效果，研究生的评价普遍偏低。对课程教学在夯实知识基础、学习科研方法、了解学科前沿几个方面的作用，研究生的选择"很大"与"较大"的比例只有 66.4%、69.5%、68.8%；课程教学在增加学习兴趣、提升实践能力、提高创新能力三个方面作用也较弱，仅有 61.2%、61.1%、59.9% 的研究生表示作用"很大"或"较大"（表 5-7）。

表5-7　研究生对课程教学作用的评价

项目	非常满意/%	比较满意/%	一般/%	不太满意/%	非常不满意/%	满意率/%	均值	中位数	标准差
夯实知识基础	29.9	36.5	5.4	5.8	2.4	66.4	3.86	4	0.99
增加学习兴趣	27.3	33.9	29.1	6.9	2.8	61.2	3.76	4	1.0
了解学科前沿	33.0	35.8	23.7	5.2	2.3	68.8	3.92	4	0.99
学习科研方法	33.6	35.9	22.9	5.4	2.2	69.5	3.93	4	1.0
提高创新能力	29.0	30.9	29.6	7.4	3.1	59.9	3.75	4	1.0
提升实践能力	29.9	31.2	27.7	7.6	3.6	61.1	3.76	4	1.1

（三）科研训练满意度

科研训练的满意率为**69.1%**

研究生对科研训练的满意率为 69.1%，比总体满意度低 2.1 百分点（表 5-8）。

表5-8　研究生对科研训练的满意度

选项	比例/%	满意率/%	均值	中位数	标准差
非常满意	30.1				
比较满意	39.0				
一般	23.0	69.1	3.89	4	0.97
不太满意	5.9				
非常不满意	2.0				

1. 在各类培养单位中，"985工程"高校研究生对科研训练的满意度最高，满意率达到了71.2%；其次是"211工程"高校（68.6%）；其他高校研究生对科研训练的满意度最低，仅为66.4%（图5-9）。

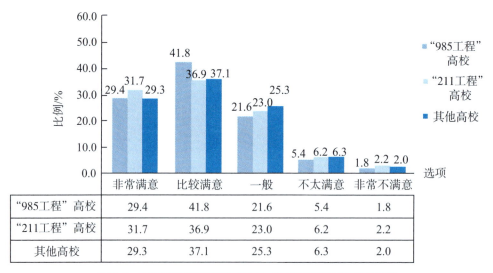

	非常满意	比较满意	一般	不太满意	非常不满意
"985工程"高校	29.4	41.8	21.6	5.4	1.8
"211工程"高校	31.7	36.9	23.0	6.2	2.2
其他高校	29.3	37.1	25.3	6.3	2.0

图5-9　不同类型培养单位研究生对科研训练的满意度比较

博士生对科研训练的满意率达到77.0%

2. 就培养层次而言，博士生对科研训练的满意度高于硕士生。博士生对科研训练的满意率达到77.0%，而硕士生对科研训练的满意率为68.0%（图5-10）。

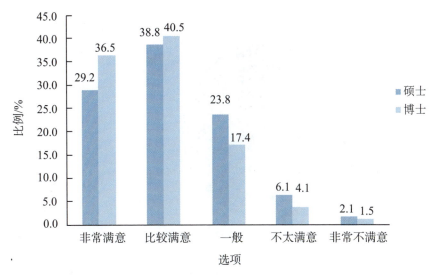

图5-10　不同层次研究生对科研训练的满意度比较

3. 研究生对参与科研项目的学术含量评价较低，表示参与科研项目的学术含量"很高"或"较高"的比例为60.6%（表5-9）。

表5-9　研究生对参与科研项目的学术含量评价

选项	比例/%	满意率/%	均值	中位数	标准差
很高	19.0				
较高	41.6				
一般	31.8	60.6	3.65	4	1.0
较低	5.1				
很低	2.5				

4. 研究生对所获科研补贴的评价依然很低。对科研补贴表示满意的研究生仅占42.8%（图5-11）。

研究生对**科研补贴**的满意率仅为**42.8%**

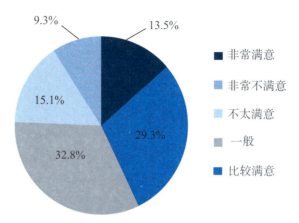

图5-11 研究生对科研补贴的满意度

5. 关于科研训练的效果，研究生更加认可科研训练对于提升自身学习能力和学术素养的作用，在这两个方面选择"很大"或"较大"的比例分别为87.1%和84.2%。研究生对于科研训练在提升自身就业竞争力方面的作用评价相对较低，在这方面选择"很大"或"较大"的比例分别只有68.3%（图5-12）。

研究生对科研训练提升自身就业竞争力的满意率只有68.3%

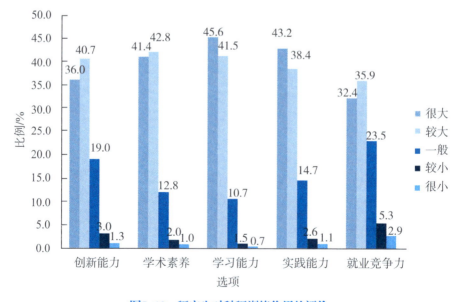

图5-12 研究生对科研训练作用的评价

（四）指导教师满意度

研究生对**指导教师的满意率**为**84.2%**

研究生对指导教师的满意率为 84.2%（表 5-10）。对指导教师的满意度不仅远高于总体满意度（高 13 百分点），也高于对课程教学、科研训练、管理与服务等研究生教育各主要方面的满意度。

表5-10 研究生对指导教师的满意度

选项	比例/%	满意率/%	均值	中位数	标准差
非常满意	52.6				
比较满意	31.6				
一般	11.0	84.2	4.30	5	0.92
不太满意	2.9				
非常不满意	1.9				

1. 研究生对导师道德修养和学术水平的评价相对较高（满意率分别达到了 90.7% 和 87.9%）；对导师指导水平也较为认可，满意率达到了 85.3%；对导师指导频率的评价相对较低，满意率为 79.1%（表 5-11）。

表5-11 研究生对指导教师各题项满意度评价/%

项目	非常满意/%	比较满意/%	一般/%	不太满意/%	非常不满意/%	满意率/%	均值	中位数	标准差
学术水平	57.8	30.1	9.1	1.8	1.2	87.9	4.41	5	0.83
道德修养	65.0	25.7	6.5	1.5	1.3	90.7	4.51	5	0.80
指导频率	49.5	29.6	14.8	4.0	2.1	79.1	4.20	4	0.96
指导水平	56.0	29.3	10.4	2.6	1.7	85.3	4.35	5	0.90

2. 关于导师对研究生各方面素质的影响，研究生的评价普遍较高。其中，在治学态度和道德修养方面，研究生的评价更高一些，表示导师对自身治学态度和道德修养影响"很大"或"较大"的比例分别为 85.5% 和 85.7%。研究生表示导师对自身学术兴趣的影响"很大"或"较大"的比例相对低一些，为 76.9%（图 5-13）。

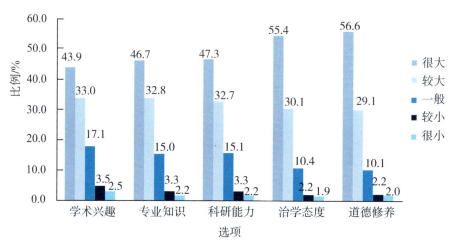

图5-13　研究生对导师影响的评价

（五）管理与服务满意度

研究生对**管理与服务的满意率**不高，仅为**70.1%**

研究生对管理与服务的满意率为 70.1%，比总体满意度低 1.1 百分点（表 5-12）。

表5-12　研究生对培养单位管理与服务的满意度

选项	比例/%	满意率/%	均值	中位数	标准差
非常满意	30.7				
比较满意	39.4				
一般	22.1	70.1	3.90	4	0.98
不太满意	5.5				
非常不满意	2.3				

在培养单位管理与服务各子项中，研究生对图书馆的满意度相对较高（满意率为77.9%），对奖学金制度、"三助"岗位、学生管理以及学术交流机会方面的满意率超过了60%；研究生对食堂、宿舍、就业指导与服务满意度较低，满意率分别只有58.9%、57.3%和58.4%，其中对宿舍的满意度最低（表5-13）。

表5-13　研究生对管理服务各维度满意度评价

项目	非常满意/%	比较满意/%	一般/%	不太满意/%	非常不满意/%
图书馆	38.6	39.3	16.3	3.7	2.1
"三助"岗位	25.9	35.0	30.1	6.0	3.0
学生管理	27.3	36.5	27.2	5.9	3.1
学术交流	26.3	34.3	28.2	7.8	3.4
奖学金制度	25.5	35.3	26.0	8.4	4.8
就业指导与服务	25.2	33.2	30.4	7.6	3.6
宿舍	24.6	32.7	24.3	10.3	8.1
食堂	25.0	33.9	25.2	9.6	6.3

（六）专业学位研究生满意度

专业学位研究生对研究生教育的总体满意度高于学术学位研究生

1.专业学位研究生对研究生教育的总体满意度高于学术学位研究生。调查对象中，专业学位研究生人数为21124，占总体33.4%。专业学位研究生对研究生教育的总体满意率为72.0%，比2017年提高了0.7百分点（71.3%），高于学术学位研究生的总体满意率（70.9%）。专业学位研究生对课程教学和管理与服务方面的满意度高于学术学位研究生，但专业学位研究生对科研训练和指导教师的满意度低于学术学位研究生（图5-14）。

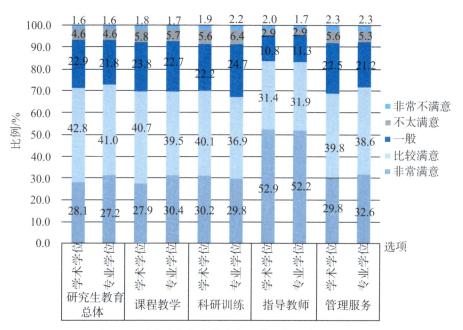

图5-14　专业学位与学术学位研究生各项满意度比较

2. 专业学位研究生不同性别群体相比，女生对研究生教育的总体满意率为72.3%，男生对研究生教育的总体满意率为71.5%（图6-15）。

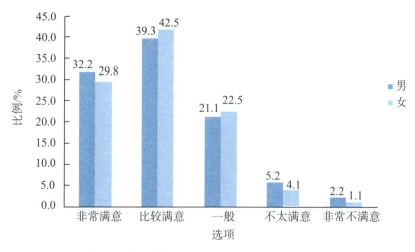

图5-15　专业学位不同性别研究生总体满意度比较

3. 在各类培养单位中，"211工程"高校专业学位研究生对研究生教育的总体满意度最高，满意率达到了73.9%，其次是"985工程"高校（73.2%），其他高校专业学位研究生对研究生教育的总体满意度最低，满意率为68.3%（图5-16）。

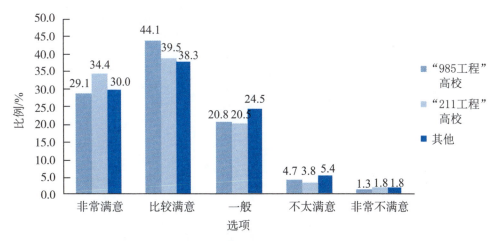

图5-16 专业学位不同培养单位研究生总体满意度比较

4. 专业学位博士生的总体满意度高于专业学位硕士生。专业学位博士生的总体满意率达到78.4%，专业学位硕士生总体满意率为71.8%（图5-17）。

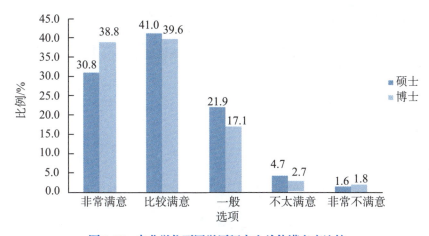

图5-17 专业学位不同学历研究生总体满意度比较

5. 不同年级相比，博士二年级专业学位研究生对研究生教育的总体满意度最高，满意率为82.2%；其次为博士四年级（82.1%）、博士一年级（78.0%）、硕士三年级（76.9%）、博士三年级（72.9%）、硕士二年级（72.1%）；硕士一年级专业学位研究生对研究生教育的总体满意度最低，满意率为70.5%（图5-18）。

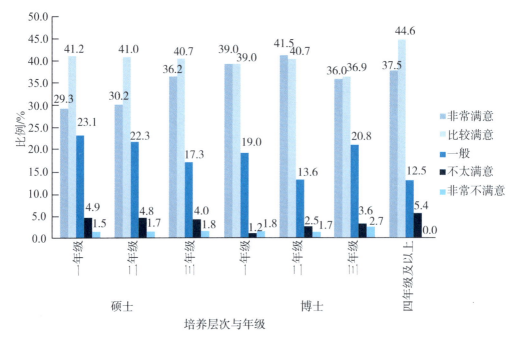

图5-18 专业学位不同年级研究生总体满意度比较

拥有校外导师的专业学位研究生比例依然偏低

6. 拥有校外导师的专业学位研究生比例依然偏低。仅有 28.6% 的专业学位研究生拥有校外导师。专业学位博士生拥有校外导师的比例（14.8%）远低于专业学位硕士生（28.7%）。在拥有校外导师的专业学位研究生中，有 77.7% 对校外导师表示满意（图 5-19）。

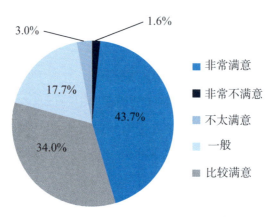

图5-19 专业学位研究生对校外导师的满意度

专业学位研究生拥有校外导师的比例各年级差异较大，三年级硕士研究生拥有校外导师的比率最高，为55.6%；一年级博士研究生拥有校外导师的比例最低，为12.7%（表5-14）。

表5-14　专业学位研究生拥有校外导师情况

培养层次	年级	有校外导师的比例/%	没有校外导师的比例/%
硕士	一年级	16.0	84.0
	二年级	34.1	65.9
	三年级	55.6	44.4
博士	一年级	12.7	87.3
	二年级	15.8	84.2
	三年级	7.0	83.0
	四年级	16.7	83.3

81.4%的专业学位研究生对专业实践基地表示满意

7. 32.4%的专业学位研究生进入实践基地参加专业实践。专业学位博士生进入实践基地的比例（34.7%）高于专业学位硕士生（32.4%）。在进入实践基地的专业学位研究生中，有81.4%对自己在实践基地的专业实践基地表示满意（图5-20）。

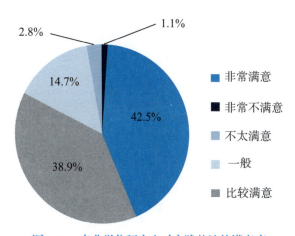

2.8%　1.1%
14.7%
42.5%
38.9%

- 非常满意
- 非常不满意
- 不太满意
- 一般
- 比较满意

图5-20　专业学位研究生对实践基地的满意度

专业学位研究生进入专业实践基地的比例各年级差异较大，由于硕士研究生一年级主要为课程学习，进入专业实践基地的比例最低，仅为20.6%；二年级硕士研究生、三年级硕士研究生和博士研究生进入专业实践基地的比例均高于30%（表5-15）。

表5-15　专业学位研究生进入专业实践基地情况

培养层次	年级	有实践基地的比例/%	没有实践基地的比例/%
硕士	一年级	20.6	79.4
	二年级	39.9	60.1
	三年级	51.4	48.6
博士	一年级	30.4	69.6
	二年级	42.1	57.9
	三年级	35.8	64.2
	四年级	33.3	66.7

四、结论与分析

2018年，研究生满意度调查改进了调查方式，扩大了调查范围，调查样本量有了一定程度的增加，调查结果显示出不同类型培养单位满意度差距缩小、专业学位研究生满意度高于学术学位研究生、部分方面满意度较低等几个主要特点。

1. 不同研究生群体对研究生教育的满意度呈现均衡化趋势

2012—2018年，不同的研究生群体对研究生教育的总体满意度的差别呈缩小趋势。从性别角度看，男生与女生之间总体满意率的差距从2012年的4.6百分点，缩小到2014年的0.9百分点，2015年、2016年、2017年男生和女生满意度基本持平，2018年男生与女生之间总体满意率的差距为0.4百分点。从学位层次来看，2012年博士生的满意率比硕士生高出近10百分点，但2018年这一差距只有3.3百分点。但更有意义的是不同类型高校研究生满意度之间的差距出现了明显的缩小趋势。2012年，表现最差的其他高校（以地方高校为主）研究生的总体满意率比表现最好的科研院所研究生的总体满意率低15百分点左右；

2018 年，总体满意度最低的仍是其他高校，但它与"985 工程"高校在总体满意率上的差距缩小到了 4.8 百分点。不同类型高校研究生教育满意度的差距缩小，一定程度上说明我国研究生教育质量出现均衡化发展趋势。经过研究生教育规模的跨越式发展阶段之后，其他高校（主要是地方高校）研究生培养规模迅速提高，经过持续的资源投入、人才引进、经验积累，研究生培养的条件不断改进，培养能力不断提高，特别是随着近些年研究生教育结构的调整，不少地方高校将研究生教育改革发展的重点放在专业学位研究生教育上，利用自身优势，探索与地方行业企业紧密结合的应用型人才培养模式，取得了较好的成效，得到了学生的认可，因而缩小了与重点高校研究生教育满意度的差距。尤其是专业学位研究生的总体满意度，"211 工程"高校（73.9%）已经超过了"985 工程"高校（73.2%）。对课程教学的满意度，"211 工程"高校也是最高，满意率达到了 70%，比"985 工程"高校高 0.6 百分点，比其他高校高 2.6 百分点。

不同类型高校研究生教育满意度的差距缩小说明我国研究生教育质量出现均衡化发展趋势

2. 专业学位研究生满意率连续五年高于学术学位研究生

2012—2018 年，专业学位研究生在调查总体样本中的比例从 18.8% 提升至 33.4%，同时，相对于学术学位研究生，专业学位研究生对研究生教育的满意度也不断提高。2012 年和 2013 年，专业学位研究生的满意度低于学术学位研究生，但从 2014 年开始，专业学位研究生满意度反超学术学位研究生，到 2018 年已连续 5 年高于学术学位研究生（表 5-16）。这是我国专业学位研究生教育发展的必然结果。我国从 2009 年开始全面招收全日制专业学位硕士研究生，专业学位研究生规模持续扩大。虽然教育主管部门一再强调专业学位与学术学位处于同一层次、不同类型，但在扩招之初，专业学位研究生比例不高，社会对专业学位研究生教育认可度较低，专业学位研究生生源质量较差，培养单位和导师对专业学位研究生重视不够，专业学位研究生独特的培养模式尚未形成，自然导致专业学位研究生自身对专业学位认同感较低，对研究生教育的满意度低于学术学位研究生。经过几年的发展，在教育主管部门的引导下，专业学位研究生在研究生中的比例日益提高，甚至在很多学校专业学位研究生成为硕士研究生的主体；培养单位越来越重视专业学位研究生教育，积极探索专业学位研究生培养模式与方法。政府、行业、企业也积极参与到专业学位研究生教育中来，专业学位研究生教育独特的培养模式逐渐形成，优势逐渐显现，生源质量明显好转，培养质量稳步提高，社会认可度也逐年提升，专业学位研究生的满意度上升甚至超过学术学位研究生，就是水到渠成之事。

表5-16　2012—2018年学术学位研究生与专业学位研究生总体满意率比较

年份	学术学位研究生/%	专业学位研究生/%
2012	63.5	61.9
2013	67.5	66.5
2014	66.2	67.0
2015	71.5	72.0
2016	70.4	71.2
2017	70.2	71.3
2018	72.0	70.9

2018年仅有28.6%的专业学位研究生拥有校外导师，专业学位博士生拥有校外导师的比例更低

与此同时，我们也应该看到专业学位研究生教育目前存在的问题。从 2012 年开始，专业学位研究生拥有校外导师的比例一直偏低，2018 年仅有 28.6% 的专业学位研究生拥有校外导师；专业学位博士生拥有校外导师的比例更低，只有 14.8%。专业学位研究生进入实践基地参见专业实践的比例也一直很低，2018 年仅有 32.4% 的专业学位研究生进入实践基地参加专业实践。因此，如何提高专业学位研究生拥有校外导师的比例、提高专业学位研究生进入实践基地进行专业实践的比例是提高专业学位研究生教育质量亟待解决的问题。

3. 研究生对某些方面满意度较低

整体来看，研究生对课程教学、科研训练、管理与服务的部分方面满意率相对较低。具体来看，在课程教学环节，研究生对课程体系合理性、课程内容前沿性、课程教学对自身作用的评价又低于对课程教学的整体评价，仅对教师的教学水平的满意度较高。在科研训练环节，研究生对科研项目的学术含量、科研补贴的数量满意度较低。对科研训练提升自身学习能力和学术素养的作用评价较高。在管理与服务方面，除对图书馆评价较高外，研究生对学生管理、"三助"岗位、学术交流、奖学金、就业指导与服务、宿舍和食堂等各方面的满意度都比较低。这些方面无疑是研究生教育的"短板"，有待加强和改进。为此，我们提出如下建议：①按照教育部《关于改进和加强研究生课程建设的意见》，真正重视课程教学在研究生教育中的基础性作用，加大课程教学改革力度，分类构建符合研究生成长成才需要的课程体系，提高课程的前沿性，加强课程教学管理与监督，切实为学术学位研究生开展科学研究、为专业学位研究生开展专业实践打下坚实的基础；②重视科研训练在研究生培养中的主渠道作用，按照培养研究生科学研究、实践研究能力的要求，给研究生提供充足的参与重大科研项目的机会，加强科研过程中的指导和培养，让研究生通过参与高水平科研项目培养从事科学研究的志趣，学会科学研究的方法和规范，形成独立或合作开展科学研究的基本素养。③继续加大研究生教育投入，创新研究生教育管理方式方法，增加服务意识和能力，为研究生学习和研究提供充足的教育资源，营造浓厚的学术氛围，创造有利于研究生成长成才的条件。

研究生对学生管理、"三助"岗位、学术交流、奖学金、就业指导与服务、宿舍和食堂等各方面的**满意度都比较低**

第六章　研究生教育国际述评

出国攻读硕博研究生及从事博士后研究人员为**22.74**万人，同比增长**14.90%**；留学**回国**人数的不断攀升，已有**231.36**万人

2017 年，作为全球最大的留学输出国和亚洲最大的留学目的国，中国在高等教育全球化活动中继续保持活跃态势。留学生出国学习、回国服务规模双增长，与国家战略、行业需求契合度不断提升，发展态势持续向好。全年出国留学人数达 60.84 万人，同比增长 11.74%，首次突破 60 万大关。其中，出国攻读硕博研究生及从事博士后研究人员为 22.74 万人，同比增长 14.90%。中国国家公派出国留学全年派出 3.12 万人，分赴 94 个国家。访问学者 1.28 万人，占派出总数的 41.17%；硕博研究生 1.32 万人，占 42.29%。2017 年，中国学生赴"一带一路"沿线国家留学人数为 6.61 万人，比上年增长 15.7%。2017 年，留学回国人数稳步提升，高层次人才回流趋势明显。留学人员回国人数较上一年增长 11.19%，达到 48.09 万人。其间各类出国留学人员中，有共计 313.20 万名留学生在完成学业后选择回国发展，占已完成学业留学生人数的 83.73%。党的"十八大"以来，留学回国人数的不断攀升，已有 231.36 万人学成归国，占改革开放以来回国总人数的 73.87%。

中国政府奖学金硕博研究生合计4.08万人，占奖学金生总数的69.57%，比2016年增加了20.06%

随着中国综合国力和国际影响力提升，中国也正在成为重要的留学目的地国。2017 年，共有 48.92 万名外国留学生在我国 935 所高等院校学习，其中学历生 24.15 万人，占总数的 49.38%，同比增幅 15.04%；硕士和博士研究生共计约 7.58 万人，比 2016 年增加 18.62%；来华留学人数规模增速连续两年保持在 10% 以上。共有来自 180 个国家的 5.86 万名中国政府奖学金生在华学习，占比 11.97%。其中硕博研究生合计 4.08 万人，占奖学金生总数的 69.57%，比 2016 年增加了 20.06%。

来自"一带一路"沿线国家的留学生共计 31.72 万人，占总人数的 64.85%，较前一年增幅达 11.58%。来华留学的前 10 位生源国依次为韩国、泰国、巴基斯坦、美国、印度、俄罗斯、日本、印度尼西亚、哈萨克斯坦和老挝。"一带一路"沿线国家留学生 31.72 万人，占总人数的 64.85%，增幅达 11.58%。北京、上海、江苏、浙江等东部 11 省市来华留学生共计 34.19 万人，占总数的 69.88%①。

2017 年，在各类世界大学排行榜上，中国大学的研究引用影响力、研究资金投入和国际影响力均体现出强劲上升趋势，诸多大学开始走出国门建设分校，中国在全球各地共建的孔子学院成为人类历史上规模最大的国际合作项目。除此之外，中国政府对继续高发展等教育，大力投入建设"双一流"。根据 2017 年《泰晤士高等教育》(Times Higher Education) 亚洲大学排名，中国（包括港澳台在内）共入围 87 所高校，整体表现最为突出。根据 2017 年全球大学研究影响力排名（Research Ranking of Global Universities，RRGU），北京大学和清华大学跻身百强，另有 14 所高校入围世界 300 强。经济合作与发展组织（OECD）关于国际科学、技术和工业的最新报告称，移动性、云计算、物联网、人工智能和大型数据分析是当今数字经济中最重要的技术之一。近 15 年，中国在这些领域的影响力翻了一番，成为仅次于美国的第二大科学强国。此外，海外中文教育如火如荼，截至 2017 年年底，中国在全球 146 个国家（地区）建立 525 所孔子学院和 1113 个孔子课堂，教育的国际影响力进一步提升。北京大学在牛津大学开设汇丰商学院英国校区、同济大学在佛罗伦萨开设海外校区、清华大学与华盛顿大学在美国西雅图合办全球创新学院等行为，均体现出中国高等教育的国际影响力逐步提升的趋势。

全球大学研究影响力排名北京大学和清华大学跻身百强，**14**所高校入围世界**300**强

本章将研究生教育放置在全球化视野之下考量，主要讨论两个问题：一是外

---

① 中华人民共和国教育部.教育部网站数据[EB/OL]. [2018-03-30]. http://www.moe.gov.cn/jyb_xwfb/gzdt_gzdt/s5987/201803/t20180329_331771.html.

媒对中国"双一流"建设方案以及研究生教育热点问题的评价和反应；二是国外研究生教育动态，即各国研究生教育热点及面临的问题和挑战。

一、国际媒体评介中国"双一流"建设方案及研究生教育

（一）国际媒体评介中国"双一流"建设方案

2017年我国颁布的"双一流"建设引起了外媒的广泛关注。外媒评论认为，"双一流"建设方案显示中国高等教育发展的远见，强调中国大学在遵守国际标准的同时需保持中国特色，即人才培养需要植根于中国的"价值观"，支持"国家创新驱动"，并且服务于"经济、社会服务的发展"；另外，国际评述认为，"双一流"建设方案体现了中国发展高等教育强国的雄心。[1][2] 国际媒体对"双一流"建设方案的评述主要关注四个内容：一是"双一流"建设方案表明中国政府对高等教育的持续投入将会继续，并且主要集中于"一流"大学和学科；二是"双一流"建设方案意味着中国在世界高等教育领域的参与度将会进一步提高；三是"双一流"建设方案说明中国不同地区的教育资源分布不平衡；四是"双一流"建设方案引入动态调整机制。

国际评述认为"双一流"建设体现了中国发展高等教育强国的雄心

1. 中国在高等教育持续大量投资

英国《泰晤士高等教育》（*Times Higher Education*）的亚洲大学排行榜分析认为，根据世界大学年度表现分析，中国的大学研究引用影响力、研究资金和大学影响力逐年上升。这种增长来自于"985"工程和"211"工程等政策十余年以来对中国高等教育的持续投入，而2017年"双一流"颁布的双一流项目，进一步

---

① Kevin Prest.*China's Ambitions for Education Development：key take aways from the 19th Party Congress* [EB/OL]. [2018-03-06]. British Council - Services for international education. 2018/3/6.

② Futao Huang. *Double World-Class Project has more ambitious aims*[J/OL]. University world news.com 29 September 2017?Issue No：476.

确保了高等教育领域的持续大量投资。欧洲大学协会最近发布的一份报告指出，在欧洲 34 个高等教育体系中有 19 个高教体系的公共财政经费已经减少，有的高教体系的财政经费甚至遭到大幅度削减，而且近期几乎没有改善的迹象。美国的公立高等教育财政预算近年来也不断遭到削减。在这种情况下，中国对高等教育领域的持续大量投资表现抢眼。

"双一流"项目进一步确保了**高等教育领域的持续大量投资**

2. 中国积极提高在世界高等教育领域的参与度

澳大利亚政府教育和培训部 [①] 第一时间发表新闻表示关注，指出"双一流"建设方案措施体现了中国寻求积极参与制定学术和学生流动的国际标准和法规，从而发挥其教育影响力的趋势。"双一流"大学和学科未来将进一步加强与世界顶尖大学的学生交流、学分互换和学位认定，推进与外国学术机构更深入的交流和学术合作。除此之外，中国大学将来可能会产生合并和重组，提高机构竞争力。

"双一流"建设方案强调**中国特色**，服务于**国家发展**

"双一流"建设方案强调中国特色，服务于国家发展。美国《科学》(Science) 杂志发文 [②]，从国际和中国本土视角对"双一流"建设方案进行了评述，认为中国的"双一流"建设方案反映了国际高等教育日益全球化、市场驱动和高技术发展的趋势，而这种趋势导致了全球大学对高质量学生的更为激烈的竞争。中国政府启动"双一流"建设方案，是在中国成为国际学生的主要出口国的背景下，加强中国大学的国际竞争力，建设更加强大的高等教育系统举措，显示出中国关于高等教育的远见。其一，强调中国大学在遵守国际标准的同时保持中国特色，即在引入国际标准的学术比较指数 (SCI Expanded 科学引文索引扩展版和 ESI 基本科

① *Implementation measures released for China's new world–class university policy* [EB/OL].[2018-03-08]. https：//internationaleducation.gov.au/News/Latest-News/Pages/Implementation-measures-released-for-China%E2%80%99s-new-world-class-university-policy.aspx.

② Zhimin Li. *Internationalization and the Construction of World–Class Universities and Disciplines*[J]. Science. OCTOBER 2017 VOL 358 ISSUE 6360.

学指标数据库等）的同时植根并服务于中国的价值观，"双一流"建设方案需"支持国家创新驱动"，并且"服务于经济、社会服务的发展"。其二，要求中国高校形成追求卓越的文化，这是实现国家期望的前提。从中国国内来看，"双一流"建设方案旨在克服传统大学的弊端，通过促进区域竞争在中国高等教育界引入更具竞争力的机制。世界一流的中国大学不仅有优秀的科研项目，也应该具备优秀的教学水平，实现这一目标需要高质量的人才资源支撑。《科学》杂志将清华大学、北京大学列为最有希望成为世界一流大学的两所高校，上海交通大学、浙江大学和国防科技大学紧随其后。

3. "双一流"建设方案将进一步扩大不同地区之间的现有的教育差距

美国赫芬顿邮报（*The Huffington Post*）[①] 评述，从中国在"双一流"建设方案进行大量投入的事实，西方世界应该认识到在教育体系中投入更多资金的必要性。中国不满足于在经济和政治上成为一个全球超级大国，也有抱负使其高等教育水平位居世界前茅。与此同时，"双一流"建设方案导致入选大学与普通公立大学之间的差距越来越大。这将进一步扩大不同地区之间的现有的教育差距：相对贫困省份的大学在学术上变得更加贫穷和退化，而有特权的地区的大学变得更加富裕，其学术发展将更为顺畅。"双一流"的中国大学应该树立世界视野，采用国际标准，并在学术上变得更加开放并。

英国《世界大学新闻》（*University World News*）发表评论说，"双一流"建设方案与20世纪90年代的"211"工程和"985"工程建设政策相比，建立了更清晰、更雄心勃勃的战略和路线图。例如，将采取三个主要步骤来实现这些目标。即到2020年，中国的一些大学和一些学科要达到世界顶尖水平。预计成为世界顶尖的学科中，科学和工程学科占比最大，为49%；其次是医学科学和农林，占22%。这表明前苏联模式对中国学科建设的影响仍然明显。而"双一流"大学的区域分布与之前的"985"政策相比，没有发生根本性的变化。除增加三所位于中国西部的新大学外，北京仍然拥有该项目所包括的大学和学科最多的学校，其次是上海和江苏省，均为经济和教育最先进的地区。

---

① Gavin Newton-Tanzer. *How Will China's "Double First Class" Project Change Higher Education in China 2018*. [EB/OL].[2018-04-08]. https：//www.huffingtonpost.com/entry/how-will-chinas-double-first-class-project-change_us_5a20200fe 4b02edd56c6d748.

4."双一流"建设方案目标明确，引入动态调整机制

"双一流"建设引入竞争机制，即表现不佳的大学可能被取消资格

日本《外交家》(*The Diplomat*)杂志评论认为 [1]，"双一流"建设方案的甄选过程比过去更公平。"双一流"建设方案的根本目标是将最好的中国大学提升到世界级水平，是一个以成绩为基础的项目，从而帮助顶尖的大学和学科变得更好。在同侪竞争、专家审查和政府评估过程之后，选定的机构由一个独立的委员会选出，引入竞争机制，即表现不佳的大学可能被取消资格，而表现良好的大学则可进入下一轮资助。英国《卫报》认为，"双一流"建设方案的遴选由中央政府直接控制，确定选择标准，并决定哪些大学和学科应该被批准，其甄选结果一方面反映了强大而明确的中央政府的政治意愿和方向，另一方面旨在适应国家战略。

（二）境外媒体/学术期刊关注中国研究生教育的热点问题

中国高校设立海外校区体现中国通过高等教育扩大"软实力"与影响力

中国高校设立海外校区，体现了中国政府正在通过高等教育扩大自己的"软实力"与影响力。英国《卫报》认为 [2]，厦门大学在马来西亚建设分校、苏州大学在老挝建分校（老挝苏州大学）、清华大学与华盛顿大学在美国西雅图合办全球创新学院、北京大学汇丰商学院在英国建海外校区等行为，体现了中国政府正在通过高等教育在海外扩大自己的"软实力"、海外的影响力，以及在国际高等教育中的竞争力。今后会有更多的大学合并和重组，使教育资源合理化，增加国际合作伙伴关系。

---

① Charlotte Gao. *A Closer Look at China's World-Class Universities Project*.[J] The Diplomat. September 22, 2017.

② Vincent Bevins, Tom Phillips. *Going global'*：*China exports soft power with first large-scale university in Malaysia*[EB/OL]. [2017-06-07].https://www.theguardian.com/world/2017/jul/07/going-global-china-exports-soft-power-with-first-large-scale-university-in-malaysia.

中国向发达国家贡献了**16.3%**的"移民发明家"贡献度位列WIPO排名榜榜首

中国研究生教育吸引力逐年提升，但其人才培养质量需要关注。美国科学在线评论认为[1]，中国大学的研究生教育吸引力在逐年提升，究其原因有三：其一是中国对研究生教育的持续大量投入；其二是中国大学吸引了大量的海归人才和国外学者，其教学、科研方式与美国相似，美国式研究生教育方法在中国被复制；其三是中国经济的快速增长需要大量的工程技术人才，相对于美国少量的精英大学，大量的选择余地使中国学生需要考虑投入和产出比选择大学。另外，中国人口平均受教育年限、研究人员与总人口的比例、人均研发支出等指标仍远远落后于发达国家，博士生教育水平远不如发达国家。在目前中国研究生年度招生人数跃升超过 20% 的趋势下，可能会损害教学和人才培养质量。例如，世界知识产权组织（World Intellectual Property Organization，WIPO）的研究显示，中国向发达国家贡献了 16.3% 的"移民发明家"，即申请专利的研究员，贡献度在WIPO 排名榜上位列榜首。这个现象说明了中国严重的人才外流，但同时也意味着中国的教育系统能够培养出许多有才华的、受发达国家欢迎的技术人员。未来 20 年，中国顶尖大学是否能培养出治理世界的人才，是一个重要问题。

研究生教育的**公平与社会正义**问题也是外媒评论的**热点之一**

研究生教育的公平与社会正义问题也是外媒评论的热点之一。例如，对中国研究生英语入学考试是否实现了公平选择的目的讨论[2]。有研究者通过访问管理人员、英语教师和考生，发现受访群体对考试题目质量、标准化管理和评分做法有很大的公平关切，并对中国研究生英语入学考试是否真的达到了公平选择的目的做出了质疑。

---

[1] Suvendrini Kakuchi. *Regional universities a new focus of research excellence*[J]. University World News. 08 August 2017 Issue No：469.

[2] Xiaomei Song. *The Fairness of a Graduate School Admission Test in China：Voices from Administrators，Teachers，and Test-Takers*[J]. The Asia-Pacific Education Researcher. April 2018，Volume 27，Issue 2，pp 79–89.

二、 国际研究生教育动态

世界各国对培养和争夺高层次人才越发重视。世界正处于"第四次工业革命"时期，即由人工智能、生物和纳米技术、机器人等先进技术的影响带来劳动方式的转变。这些转变影响着人类相互沟通和分享资源的方式。企业、政府和社区需要找到新的方式来适应这一变化的格局，因此，现有的大多数职业将出现变革，新职业会大量涌现。新技术将使工作环境更加灵活，移动互联网和云技术将使网络服务迅速传播，计算能力和大数据方面的进步将使所有新数据进行处理和转换，新能源供应将改变传统的能源基础设施，以上各项工作都需要高层次人才支持。因此，世界各国之间的经济、社会和文化相互依存日益增加，无边界的全球研究人员网络已经出现，顶尖研究型大学作为全球中心吸引着来自世界各个角落的学生、研究人员和教师。

（一）不同政策环境下，各国对高端人才的竞争依然激烈

2017 年，国际人才竞争，尤其是高端、顶尖人才的竞争越发激烈。虽然美英两国的国际学生增速首次呈现下降趋势，中国、澳大利亚和加拿大成为全球接收高等教育国际学生的主要增长极，英美等发达国家引进高端人才的政策并没有改变。英国和美国一些机构正在考虑将博士生视为大学雇员。在美国，一些大学正在邀请博士生加入能够争取更好的条件的工会。美国研究生院委员会的一位发言人认为，大多数美国大学把博士研究生视为学生的原因是因为他们需要攻读博士课程之后才能从事研究，而非其本身不具有独立研究能力。中国与全球化智库（Center for China and Globalization，CCG）调查显示，2012—2015 年，经济合作与发展组织的主要留学目标国家呈现出留学博士生比例连续增长的趋势。例如，留学美国的博士生占全美博士生的比例从 2012 年的 29% 上升到 2017 年的 38%，增长了 9 百分点。

英国内政部 2017 年 11 月宣布将 T-1 签证[①] 的数量增加一倍，吸引来自全球

---

① 2008 年 6 月 30 日起英国全面实施新的记分制签证中的第一类签证，即 Tier 1 签证。第一类签证包括 4 个次等级，分别是：Tier 1(General)，Highly skilled workers 高技术工作者；Tier 1(Entrepreneurs) 企业家；Tier 1(Investor) 投资者；Tier 1(Post Study Workers) 高等学历毕业生。

各地的优秀人才，发展创新产业。剑桥大学等顶尖高校也增加了研究生招生人数。2017 年，来自欧洲的申请剑桥大学研究生的人数从 1340 上升到 1460 人①。为了吸引高端人才前往英国读博，英国大使馆文化教育处召集了英格兰、苏格兰、威尔士和北爱尔兰等在内的 31 所英国高校，面向中国留学生推出"2018 年非凡英国百万英镑奖学金计划"，提供单笔奖学金最高可达 22000 英镑的 150 个奖学金名额。

31所英国高校面向中国留学生推出"2018年非凡英国百万英镑奖学金计划"

相比较英国和美国由于留学移民政策紧缩导致国际学生增速下降，德国凭借发达的经济、先进的学科技术水平和独特的文化受到国际学生、寻求职业发展机会的年轻人和移民的青睐，但其收紧的移民政策趋势显现。

新加坡对人才的吸引及发展能力排名亚洲之首，这不仅反映了它所拥有的世界一流的教育体系，还反映了它对数码时代技术的适应能力。法国商学院 INSEAD2017 年发布的全球人才竞争力指数（Global Talent Competitiveness Index）中，新加坡仅次于瑞士位居第二。澳大利亚是除新加坡外唯一一个登榜前十位的亚太国家。中国排名第 54 位，印度排名第 92 位。

日本政府计划缩小精英研究大学与地区大学之间的差距

日本政府计划缩小精英研究大学与地区大学之间的差距。日本政府计划在地方高校建立世界级基础研究中心，以缩小日本精英研究机构与地区大学之间的差距。根据 2018 财年预算提案，政府将向区域性大学提供实质性研究补助金。区域性大学的十年发展计划获得批准，将打破国家顶尖高等教育机构对基础研究经费的垄断地位，提供平等的竞争环境。该项目鼓励更多的区域性高校重视与国际学者、国际机构的合作。

---

① Flora Carr.*Cambridge set to seize on 'Brexit opportunities' by increasing postgraduate intake*[N]. The Telegraph. 12 July 2017.

（二）世界各国的"一流大学"政策实施进展

为提升高等教育的水平，世界各国和地区政府纷纷推动了以追求卓越为目的的高等教育专项计划。如法国的"卓越大学计划"（Initiative d'excellence，IDEX）、西班牙的"国际卓越校院计划"（International Campus of Excellence，CEI）、俄罗斯的"5-100计划"（"5-100" Programme）等针对大学层面的"卓越计划"；与此同时，针对研究团队层面，各国相继推出了"卓越中心"计划，如芬兰的"研究卓越中心"（Centres of Excellence in Research）、挪威的"卓越中心"（Centres of Excellence）、丹麦的"卓越中心"（Centers of Excellence）、波兰的"卓越国家研究中心"（Leading National Research Centres）等，旨在提升各自国家高校的人才培养和科研水平。

择优建设是世界各国各地区"卓越"计划的主要策略，培养人才与提升科研成为创建计划的现实目标，重点学科与项目是主要资助对象，严格评估为计划提供质量保证。部分计划由国家或地区的最高教育主管部门直接管理，如韩国；部分计划由政府或教育主管部门制定的其他机构负责管理，如德国；部分计划由政府借助社会中介组织负责管理，如中国香港特别行政区。

德国高校科学与研究卓越计划第三期提高入选门槛

德国高校科学与研究卓越计划第三期提高入选门槛。2017年是德国2005年以来实行的"联邦与各州关于促进德国高校科学与研究卓越计划的协议"（Exzellenzinitiative，以下简称"卓越计划"）第二个支持周期的截止年度。经过前两期的建设，德国大学在世界大学排名前100名的位次有所提高。以THE排名为例，进入前100名高校的数量由2010/2011年的3所提高至2015/2016年的9所。在ARWU和QS中，其排名的位次均有一定提升。2017年，德国政府决定继续支持下一轮的"卓越计划"，并设定如下变化：首先，保留"卓越研究集群"和"卓越大学"，但不再单独资助研究生院，对研究生院的资助纳入德国大学的常态化管理和资助系统。其次，"卓越大学"第三期抬高了竞选门槛。前两期中，每所大学只要同时争取到1项"卓越研究集群"和1项"研究生院"，即具备申请竞选"卓越大学"的资格，而第三期则要求大学必须至少获得 2 项"卓越研究集群"的资助才能申请"卓越大学"。最后，不再限定资助期限，从而促进更多基础性或重大原创性成果的产出。对获得"卓越大学"头衔的大学每 7 年进行一次独立的外部评审，通过后决定是否继续下一轮资助。

法国、西班牙等实行集团合作战略，以提升大学影响力

欧洲主要国家法国、西班牙等实行集团合作战略，以提升大学影响力。2010年发起了"卓越计划"（IDEX）方案，投入 77 亿欧元创造 5—10 个能够与世界上最好的大学竞争的机构。该战略将具有科学和学术成就的高等教育和研究机构联系起来，与企业界密切合作。2018 年《泰晤士高等教育》的世界大学排行榜中，法国共有 31 所大学跻身世界一流大学之列，较之上年，新增了 4 所，其中巴黎有 10 所入围，占据法国口碑大学的 1/3。西班牙实行了与法国类似的"国际卓越校院计划"（CEI），2017 年世界大学排行榜中可以看到，加泰罗尼亚地区的大学代表了西班牙最高水平，在西班牙排名前三的大学中就有两所来自此地区，证明此计划在推动地区高等教育水平方面起到了正向作用。

印度政府计划资助 20 所高校建设世界一流大学。2017 年 10 月 14 日，纳伦德拉·莫迪（Narendra Modi）总理在巴特那大学（Patna University）百年校庆上强调，大学需要更加重视教学和创新，摒弃灌输式的传统教学方法。英迪表示，印度没有一所大学进入世界 500 强，这令人感到非常遗憾，政府计划放宽对大学的管制，并资助 10 所私立大学和 10 所公立大学总计 1000 亿卢比（约合人民币100 亿元）的财政拨款用于建设世界一流大学，资助年限为 5 年。希望获得资助的大学必须向政府展示自己可以发展为世界一流大学的潜力。资助高校的遴选工作将由专业的第三方机构承担。莫迪在演讲中强调大学要重视学习与创新："我们是一个拥有 8 亿青少年的国家，65% 的人口年龄在 35 岁以下，应该利用人口优势，实现我们的梦想。"[1]

---

① Govt intends to make Indian universities world-class[EB/OL]. [2017-10-14]. https：//www.livemint.com/
Politics/0WGVQiCffloaRdQqTpXgMN/Govt-intends-to-make-Indian-universities-worldclass-says-N.html.

（三）世界各国对博士生工作技能的关注

美国、澳大利亚、加拿大和欧洲的大学纷纷制定研究生课程评估标准，评价博士毕业生的工作技能。华盛顿研究生院协会的一份报告表明，在 2016 年对其 241 个成员机构进行的一项调查中，65% 的回应是，所有或大部分博士课程都制定了正式的方法来评估学生是否学习与工作场所相关的特定技能。美国学术界研究发现，学术界以外的雇主希望招收具备包括数据科学和大数据知识，科学政策，治理意识、风险意识和合法性意识，以及时间、项目和预算管理等技能的毕业生，并在考虑如何解决理工专业博士毕业生不掌握非学术职业所需的知识的问题。该报告建议各大学与雇主合作，确定博士生应具备的素质。

（四）美国国际研究生申请人数首次下降

国际研究生入学人数下降了1%，中国赴美留学研究生人数首次出现下降

美国国际研究生申请率和入学率下降。根据美国研究生院委员会 (Council of Graduate Schools，CGS) 的统计[①]，自 2003 年秋季以来，美国大学首次出现国际研究生申请率和入学率下降。2016—2017 学年，美国国际学生中本科生入学率下降了 2.2%，研究生入学人数减少了 5.5%。2017 秋季，国际学生的最终申请数下降 3%，而国际研究生入学人数下降了 1%，主要体现在硕士研究生的入学人数下降。除此之外，中国赴美留学研究生人数首次出现下降。中国在美国攻读研究生人数首次从 2017 年秋季学期下降了 1%，是十年来首次处于下降趋势。中国留学生在美国研究生院中的数量很庞大，目前中国研究生人数占全美研究生总数的 3%。2016—2017 学年，美国国际学生中本科生入学率下降了 2.2%，研究生入学人数减少了 5.5%。研究人员发现，来自中东和北非地区的国际学生急剧减少，2017 年秋季，这些国家的国际学生申请减少 17%。伊朗国际学生的申请减少了 18%，沙特阿拉伯国际学生的申请减少了 21%，但相比之下，沙特学生在美国留学的录取机会比伊朗学生高得多 (40%：17%)。申请美国研究生课

---

① *For First Time in over a Decade*，*International Graduate Applications and Enrollments Decline at U.S. Institutions.* [EB/OL]. [2018-01-30]. http://cgsnet.org/ckfinder/userfiles/files/Intl_Survey_Report2017_release_final.pdf.

程的加拿大、中国、印度和墨西哥学生的申请也有所下降。国际学生申请的唯一上升地区是欧洲学生（上升了18%）和撒哈拉以南非洲国家的学生（上升了12%）。

这一下降的趋势引起了美国学界的高度关注。究其原因，特朗普总统上任后国际人才政策缩紧，"禁穆令"[1]、H-1B签证制度[2]、移民制度等针对国际劳工和移民为代表的政策改革导致留在美国工作的研究生学历人数的增长相对缓慢；2017年11月，美国众议院共和党人提议进行税务改革，撤销减免从事教学或者研究助理的研究生的税费，约有14.5万名研究生可能受到这一变化的影响，其中约60%来自科学、技术、工程和数学领域。

（五）印度高等教育呈现强劲发展势头

前300名的亚洲高校中，日本69所、中国大陆54所、印度33所

根据《泰晤士高等教育》2017年亚洲高等教育院校排名，亚洲高校排名前十位的分别为新加坡国立大学、北京大学、清华大学、南洋理工大学（新加坡）、香港大学、香港科技大学、东京大学（日本）、韩国科学技术院、首尔大学（韩国）、浦项工科大学（韩国）。日本、中国总体水平居高。值得关注的是，印度高等教育呈现强劲势头，入榜前300名的学校数量居亚洲第三。美国《福布斯》杂志甚至评论称[3]，印度或将超过中国，成为下一个教育超级大国。从总量来看，在前300名的亚洲高校中，日本69所、中国大陆54所、印度33所，印度第一次跻身亚洲前三，且相较去年数量翻了一番（2016年为16所）。位于班加罗尔的

---

① 2017年1月27日，美国总统特朗普颁布行政命令，称美国将在120天内暂停所有难民入境；在90天内暂停伊朗、苏丹、叙利亚、利比亚、索马里、也门和伊拉克7国公民入境；无限期禁止叙利亚难民入美。

② 美国签证的一种，指特殊专业人员/临时工作签证 Specialty Occupations/ Temporary Worker Visas (H-1B)。H1B签证系美国最主要的工作签证类别，发放给美国公司雇佣的外国籍有专业技能的员工，属于非移民签证的一种。持有 H-1B 签证者可以在美国工作3年，然后可以再延长3年，6年期满后如果签证持有者的身份还没有转化，就必须离开美国。2017年，美国总统特朗普签署行政令，要求对 H-1B 签证项目进行评估，令其发放对象更偏向高技能、高薪水的人才。

③ Zhu Tian. *Will China's Educational System Strangle Economic Growth*[J]. Forbes Asia. May 16, 2016.

印度科学理工学院位列 27 位,是印度排名最高的高校。印度理工学院(孟买)排名 42 全;威尔科技大学(金奈)首次入选,排名 43 位;印度理工学院(德里)排名 54 位。虽然印度在顶尖学府数量上与日本、中国的差距不小,但可以看到,印度的整体高等教育水平呈上升态势。

印度学者的研究发现,高度集中的博士生增加了大学发表科研成果的数量和质量,而高等教育预算拨款与科学产出之间存在直接关系,即在科研和博士生教育方面投资更多的高校的出版率往往较高。印度学者建议,印度大学应该增加博士研究生的数量,进行更多的资金投入,以提升印度大学的国际影响力。

(六)日本面临高等教育生源大量下降

日本生育低谷导致的大学生源危机已经成为高等教育界必须面对的问题。进入 20 世纪 70 年代以后,日本全国生育率一直持续下降,出现了持续的生育低谷。从 20 世纪 90 年代起,面对适龄人口不断减少的危机,日本不仅没有及时抑制大学规模扩张,而是任其自由增长,导致学校设置相对过剩,学校与生源比例严重失衡。根据日本《产经新闻》的报道,目前日本近半数的私立大学在生源上已经无法得到满足。严峻的经营环境持续的同时,大学的数量却在逐年增加。

日本应对高等教育生源下降的主要手段是调整大学学科设置。日本已经进行的学科调整与教学改革中,有三个主要措施。一是设立"学部学府研究院制"。通过设立学部(本科生)—学府(硕、博士研究生)—研究院(教师)三元机制,将教育组织和研究组织分离,以期促进教学与科研的贯通与资源共享,实现培养多元素质的全面人才。二是强调学科基础,增强专业适应性。在课程设置、专业内容的选择以及教学实践的充实等方面都注入极大力量,力图改变学生基础薄弱、缺乏足够实训的问题。三是加强产官学的合作。通过加强大学和地方自治体及当地企业合作,提升大学对区域的发展贡献,同时推进组织与组织之间的合作研发;不仅使其研究成果迅速得到应用,也使学科建设与科研、人才培养形成一个有机的整体。

附录一　2017年中国学位与研究生教育 质量要事志

1月17日

教育部、国务院学位委员会印发了《学位与研究生教育发展"十三五"规划》。规划共分为序言、发展思路和目标、发展改革任务、保障措施四个部分，勾勒出我国 2020 年以前学位与研究生教育改革发展的路线图。

2017年1月17日，《学位与研究生**教育发展"十三五"** 规划》印发

规划指出，"十三五"时期，我国学位与研究生教育改革发展要继续坚持以服务需求、提高质量为主线，优化结构布局，改进培养模式，健全质量监督，扩大国际合作，推动培养单位体制机制创新，全面提升研究生教育水平和学位授予质量，加快从研究生教育大国向研究生教育强国迈进。到 2020 年，要实现研究生教育向服务需求、提高质量的内涵式发展转型，基本形成结构优化、满足需求、立足国内、各方资源充分参与的高素质高水平人才培养体系，国际影响力显著增强，建成亚太区域研究生教育中心，为建设研究生教育强国奠定更加坚实的基础。

规划提出了"十三五"时期学位与研究生教育改革发展的六大任务：一是主动适应需求，动态调整优化结构；二是改革培养模式，提升创新和实践能力；三是健全质量评价，完善监督保障体系；四是扩大国际合作，提升国际影响力；五是统筹推进"双一流"建设，提升研究生教育整体实力；六是拓展育人途径，推动培养单位体制机制创新。

规划提出，要保持研究生培养规模适度增长，千人注册研究生数达到 2 人，在学研究生总规模达到 290 万人。要稳步发展博士研究生教育，适度扩大博士研

究生教育规模；积极发展硕士专业学位研究生教育，建立以职业需求为导向的硕士专业学位研究生教育发展机制；探索硕士专业学位研究生教育与应用型本科和高等职业教育相衔接的办法，拓展高层次技术技能人才成长的通道。

规划还提出，要形成各方合力支持的投入保障机制，强化导师培养责任和能力，构建信息化支撑服务体系，并将围绕研究生教育改革发展战略目标，组织实施一流研究生教育建设计划、未来科学家计划、研究生导师能力提升计划、课程体系及案例库建设、研究生学术交流平台建设等一批重大项目。

1月23日

国务院学位委员会第三十三次会议在北京召开。中共中央政治局委员、国务院副总理、国务院学位委员会主任委员刘延东出席会议并作重要讲话。会议的主要议题是：①深入学习习近平总书记系列重要讲话精神和治国理政新理念、新思想、新战略，贯彻党的十八届六中全会、全国高校思想政治工作会议精神，学习贯彻刘延东同志重要讲话精神；②听取并审议杜占元秘书长《关于第三十二次会议以来开展的主要工作和下一阶段工作的考虑》报告；③审批《2016年学位授权点专项评估结果》和《有关院校学位授予权调整名单》；④审议《博士硕士学位授权审核办法》《学位授权审核申请基本条件》《2017年博士硕士学位授权审核工作方案》《服务国家特殊需求人才培养项目验收评估工作方案》《关于〈学位条例〉修订工作的说明及其参考稿》。

2017年1月23日国务院学位委员会第三十三次会议在京召开

会议经过讨论，议定如下事项：①审议并举手表决通过了《关于第三十二次会议以来开展的主要工作和下一阶段工作的考虑》；②审议并投票表决通过了《2016年学位授权点专项评估结果》；③审议并投票表决通过了《有关院校学位授予权调整名单》；④审议并原则通过了《博士硕士学位授权审核办法》《学位授权审核申请基本条件》《2017年博士硕士学位授权审核工作方案》；⑤审议并原则通过了《服务国家特殊需求人才培养项目验收评估工作方案》；⑥审议并原则通过了《关于〈学位条例〉修订工作的说明及其参考稿》。

1月24日

教育部、财政部、国家发展改革委制定并印发了《统筹推进世界一流大学和一流学科建设实施办法（暂行）》。实施办法分为总则、遴选条件、遴选程序、支持方式、动态管理、组织实施、附则七个部分，共29条，对一流大学和一流学科的遴选条件、遴选程序，对一流大学和一流学科在资金、政策、资源方面的支持，对一流大学和一流学科的动态管理以及一流大学和一流学科的协同建设和推进实施进行了说明。

《统筹推进世界一流大学和一流学科建设实施办法（暂行）》印发

3月3日

国务院学位委员会、教育部下达了2016年学位授权点专项评估结果及处理意见。2016年学位授权点专项评估的博士学位授权学科有延边大学、长春理工大学、暨南大学、成都理工大学、贵州大学和军事科学院的相关学科；专业学位授权类别有北京大学、沈阳建筑大学、浙江大学、山东建筑大学（2个类别）、华中科技大学、湖南大学、中南大学、深圳大学、昆明理工大学的相关专业学位。此次16个参评学位授权点评估结果均为"合格"，可继续行使学位授权。

16个参评学位授权点评估"合格"

国务院学位委员会、教育部下发通知，决定开展2017年学位授权点专项评估工作。专项评估工作由国务院学位委员会办公室负责，委托国务院学位委员会学科评议组和全国专业学位研究生教育指导委员会组织实施。评估范围是2013年获得授权的学术学位授权点和专业学位授权点。评估的内容主要是检查参评点研究生培养体系的完备性，包括师资队伍（队伍结构、导师水平）、人才培养（招生选拔、培养方案、课程教学、学术训练或实践教学、学位授予）和质量保证（制度建设、过程管理、学风教育）等。评估结果分为"合格"和"不合格"两种，国务院学位委员会办公室汇总评估结果后报国务院学位委员会审批。国务院学位委员会根据评估结果，对参评点分别做出继续授权、限期整改或撤销学位授权的处理决定。评估结果及处理决定向社会公开。

3 月 13 日

国务院学位委员会印发了《博士硕士学位授权审核办法》。《博士硕士学位授权审核办法》分为总则、组织实施、新增博士硕士学位授予单位审核、新增博士硕士学位点审核、自主审核单位新增学位点审核、质量监管、附则等七章，共35 条，对博士、硕士学位授权审核工作进行了具体规定。

3月13日，《博士硕士学位授权审核办法》印发

3 月 17 日

国务院学位委员会下发通知，决定 2017 年开展博士硕士学位授权审核工作。2017 年博士硕士学位授权审核分为新增博士硕士学位授予单位审核、学位授予单位新增博士硕士一级学科与专业学位类别审核、自主审核单位确定。通知中规定，西部地区和民族高校在申请新增博士硕士学位授予单位和新增博士硕士学位授权点时，申请条件可降低 20%。各省级学位委员会根据国家和本区域经济社会发展对高层次人才的实际需求，组织实施本地区学位授权审核工作，军队院校、军事学门类下一级学科和军事硕士专业学位类别的学位授权审核工作由中国人民解放军学位委员会组织实施。

2017年开展博士硕士学位授权审核工作

3 月 26—30 日

"研究生培养工作研讨班"在京举办

教育部学位管理与研究生教育司在北京举办"研究生培养工作研讨班"。高等学校研究生院（部、处）主要负责人或负责培养工作的管理人员以及省级学位委员会办公室主任共 150 人参加了研讨。研讨的主要内容是：贯彻落实党的十八大和十八届三中、四中、五中、六中全会精神和习近平总书记系列重要讲话精神，结合我国研究生教育面临的新形势、新机遇、新要求，学习研讨研究生教

育有关政策，把握研究生教育发展形势，交流探讨研究生教育改革新理念、新思路、新举措，以及学位授权审核、研究生培养、质量保障体系建设等重点工作领域改革发展动态。

4月27日

国务院学位委员会办公室下发通知，部署2017年学位授权点专项评估工作。随通知下发了有关学科和专业学位类别的学位授权点专项评估工作方案。

学位授权点专项评估工作开始部署

5月19日

本次学位授权点动态调整共撤销博士学位授权点18个，硕士学位授权点322个

国务院学位委员会下发通知，对《博士、硕士学位授权学科和专业学位授权类别动态调整办法》（以下简称《办法》）进行了适当调整，同时根据修订的《办法》部署了博士硕士学位授权学科和专业学位授权类别动态调整工作。本次学位授权点动态调整工作中，未参加过专项评估的学位授权点和在学位授权点合格评估中被评为"限期整改"的学位授权点，学位授予单位可申请撤销，但不能将其调整增列为其他学位授权点，撤销的学位授权点数纳入省级统筹增列。实施服务国家特殊需求博士人才培养项目的试点单位，不能开展博士学位授权点动态调整；实施服务国家特殊需求硕士人才培养项目的试点单位，不能开展硕士学位授权点动态调整。学位点动态调整工作每年开展一次。本次学位授权点动态调整工作中，各地共申请撤销博士学位授权点18个、硕士学位授权点322个，增列博士点18个、硕士点166个。

5月23日

"少数民族骨干计划"硕士新生不再单独强化基础培训

教育部办公厅发出通知，决定自2017年起各高校录取的"少数民族骨干计划"

硕士新生直接进入招生学校进行基础强化学习，不再单独安排强化基础培训。相关招生单位应在新生入校后严格执行基本素质要求、研究生培养要求和学籍管理规定，为民族地区培养政治素质高、专业知识扎实的社会主义合格建设者和可靠接班人。

6月8—10日

教育部学位管理与研究生教育司在陕西省西安市就研究生课程建设试点工作召开调研会。调研会的主题是"聚焦课程建设 提升培养质量"，重点在以下三个方面开展调研：①研究生课程教学在贯彻落实立德树人的主体责任，以及培育和实践社会主义核心价值观方面的举措、实效性经验和建议；②研究生课程设置管理、教学过程监督、教学内容审核、教学方法改革、教材编写选用、教学成果评价等方面的机制建设；③研究生科研创新和实践创新创业能力培养的做法与典型经验。

召开研究生课程建设试点工作调研会

7月12日

验收评估服务国家特殊需求人才培养项目

国务院学位委员会下发通知，决定对服务国家特殊需求人才培养项目（以下简称"特需项目"）进行验收评估。验收评估工作分两批进行：2017年验收评估的高校为2011年批准的51所特需项目试点高校；2018年验收评估的高校为2012—2013年批准的47所特需项目试点高校。验收的内容为人才培养质量（重点考察特需项目的人才培养模式及特色、研究生实践能力和学位授予质量等）、服务需求情况（重点考察特需项目的人才培养直接服务国家特殊需求情况，包括实践教学、科学研究和就业等）、管理与支撑条件（重点考察试点高校对特需项目研究生培养的管理体系和制度建设、人才培养所需要的教学科研平台和资源投入情况）。验收评估不通过和不申请验收评估的特需项目，停止招生，待已招收研究生全部毕业后终止特需项目。通过验收评估的特需项目，可按照《关于开展"服务国家特殊需求人才培养项目"试点工作的意见》继续实施。

7 月 28 日

教育部办公厅下发通知，决定对有关部属高校高级管理人员工商管理硕士（EMBA）及其他专业学位研究生教育（单证）开展自查自纠工作。自查自纠的内容是：学校开展 EMBA 教育以来的有关情况；2012 年以来，学校其他专业学位研究生教育有关情况。

开展高级管理人员工商管理硕士（EMBA）自查自纠工作

9 月 20 日

教育部、财政部、国家发展改革委公布了世界一流大学和一流学科（简称"双一流"）建设高校及建设学科名单，共有 137 所高校进入首批"双一流"建设高校名单。名单中一流大学建设高校 42 所，其中 A 类高校有北京大学、中国人民大学、清华大学等共 36 所，B 类高校有东北大学、郑州大学、湖南大学、云南大学、西北农林科技大学、新疆大学，共 6 所；一流学科建设高校有北京交通大学、北京工业大学、北京科技大学等共 95 所。该名单还按照各学校代码排序，列出了 465 个"双一流"建设学科。

137 所高校入选世界一流大学和一流学科建设名单

10 月 19 日

国务院学位委员会办公室发出通知，就持续做好学位授权审核工作提出了三点要求：平稳推进学位授权审核工作；增强全局观念，保证审核工作严肃公平；杜绝干扰，严守评审纪律。

10 月 30 日

博士研究生教育综合改革试点在 14 所高校开展

教育部下发通知，决定在 14 所高校开展博士研究生教育综合改革试点工作。这 14 所高校是北京大学、清华大学、浙江大学、复旦大学、上海交通大学、南京大学、中国科学技术大学、哈尔滨工业大学、西安交通大学、中国人民大学、厦门大学、北京航空航天大学、天津大学和苏州大学。博士研究生教育综合改革试点工作周期为 2017—2020 年。

12 月 28 日

教育部学位与研究生教育发展中心发布了全国第四轮学科评估结果。共有 513 个单位的 7449 个学科参评，这些学科分布在 95 个一级学科中。此次学科参评率比第三轮增长 76%，全国具有博士学位授予权的学科有 94% 申请参评。评估结果按"分档"方式呈现。公布评估结果旨在为参评单位了解学科优势与不足、促进学科内涵建设、提高研究生培养质量提供客观信息；为学生选报学科、专业提供参考；同时也便于社会各界了解我国高校和科研单位学科内涵建设的状况和成效。

全国第四轮学科评估中有**513**个单位**7449**个学科参评

附录二　世界一流大学和一流学科建设高校名单

2017 年 9 月 20 日，教育部、财政部、国家发展改革委联合下发通知，公布了世界一流大学和一流学科建设高校及建设学科名单。名单中的一流大学建设高校 42 所，其中 A 类高校有 36 所，B 类高校有 6 所；一流学科建设高校有 95 所。该名单按照各学校代码排序，列出了 465 个"双一流"建设学科。

"双一流"建设高校名单

一、一流大学建设高校42所

1. A类高校36所（按学校代码排序）

序号	学校名称	序号	学校名称	序号	学校名称
1	北京大学	13	哈尔滨工业大学	25	武汉大学
2	中国人民大学	14	复旦大学	26	华中科技大学
3	清华大学	15	同济大学	27	中南大学
4	北京航空航天大学	16	上海交通大学	28	中山大学
5	北京理工大学	17	华东师范大学	29	华南理工大学
6	中国农业大学	18	南京大学	30	四川大学
7	北京师范大学	19	东南大学	31	重庆大学
8	中央民族大学	20	浙江大学	32	电子科技大学
9	南开大学	21	中国科学技术大学	33	西安交通大学
10	天津大学	22	厦门大学	34	西北工业大学
11	大连理工大学	23	山东大学	35	兰州大学
12	吉林大学	24	中国海洋大学	36	国防科技大学

2. B类高校6所（按学校代码排序）

序号	学校名称	序号	学校名称	序号	学校名称
1	东北大学	3	湖南大学	5	西北农林科技大学
2	郑州大学	4	云南大学	6	新疆大学

二、一流学科建设高校95所（按学校代码排序）

序号	学校名称	序号	学校名称	序号	学校名称
1	北京交通大学	21	中国政法大学	41	上海财经大学
2	北京工业大学	22	天津工业大学	42	上海体育学院
3	北京科技大学	23	天津医科大学	43	上海音乐学院
4	北京化工大学	24	天津中医药大学	44	上海大学
5	北京邮电大学	25	华北电力大学	45	苏州大学
6	北京林业大学	26	河北工业大学	46	南京航空航天大学
7	北京协和医学院	27	太原理工大学	47	南京理工大学
8	北京中医药大学	28	内蒙古大学	48	中国矿业大学
9	首都师范大学	29	辽宁大学	49	南京邮电大学
10	北京外国语大学	30	大连海事大学	50	河海大学
11	中国传媒大学	31	延边大学	51	江南大学
12	中央财经大学	32	东北师范大学	52	南京林业大学
13	对外经济贸易大学	33	哈尔滨工程大学	53	南京信息工程大学
14	外交学院	34	东北农业大学	54	南京农业大学
15	中国人民公安大学	35	东北林业大学	55	南京中医药大学
16	北京体育大学	36	华东理工大学	56	中国药科大学
17	中央音乐学院	37	东华大学	57	南京师范大学
18	中国音乐学院	38	上海海洋大学	58	中国美术学院
19	中央美术学院	39	上海中医药大学	59	安徽大学
20	中央戏剧学院	40	上海外国语大学	60	合肥工业大学

续表

序号	学校名称	序号	学校名称	序号	学校名称
61	福州大学	73	海南大学	85	西安电子科技大学
62	南昌大学	74	广西大学	86	长安大学
63	河南大学	75	西南交通大学	87	陕西师范大学
64	中国地质大学	76	西南石油大学	88	青海大学
65	武汉理工大学	77	成都理工大学	89	宁夏大学
66	华中农业大学	78	四川农业大学	90	石河子大学
67	华中师范大学	79	成都中医药大学	91	中国石油大学
68	中南财经政法大学	80	西南大学	92	宁波大学
69	湖南师范大学	81	西南财经大学	93	中国科学院大学
70	暨南大学	82	贵州大学	94	第二军医大学
71	广州中医药大学	83	西藏大学	95	第四军医大学
72	华南师范大学	84	西北大学		

附录三 学位与研究生教育优秀博士学位论文

为激发学位与研究生教育相关学科博士研究生的创新能力，鼓励相关学科研究生创造高质量的科研成果，提高研究生的培养质量，提升我国研究生教育研究水平，推动学位与研究生教育相关学科建设，中国学位与研究生教育学会开展了第七届"学位与研究生教育优秀博士学位论文评选"工作。

2017年"学位与研究生教育优秀博士学位论文评选"的评选对象为2016年1月1日至2016年12月31日在国内获得博士学位者所撰写的学位论文，论文内容须与学位与研究生教育和管理等内容相关。

根据《学位与研究生教育优秀博士学位论文评选办法》，经过单位推荐、同行专家通讯评议、学术委员会审定、会长批准等程序，最终评选出2篇论文作为第七届学位与研究生教育优秀博士学位论文。

第七届学位与研究生教育优秀博士学位论文名单
（按论文作者姓氏笔画为序）

姓 名	学位授予单位	导 师	论文题目
刘贤伟	北京航空航天大学	马永红	校所联合培养中博士生科技人力资本的发展机制研究
吴叶林	西南大学	顾海良	基于知识社会的我国学位制度变革研究

附录四　第四轮学科评估获评A级学科的培养单位

2016 年 4 月，教育部学位与研究生教育发展中心启动第四轮学科评估，共有 513 个单位的 7449 个学科参评，这些学科分布在 95 个一级学科中。2017 年 12 月，教育部学位与研究生教育发展中心公布了全国第四轮学科评估的结果。以下是根据学科评估结果统计的获得 A 级学科的研究生培养单位名单。

第四轮学科评估A级学科单位表（按A+学科数量排序）

序号	单位名称	学科等级			学科总计
		A+	A	A−	
1	北京大学	21	11	3	35
2	清华大学	21	8	8	37
3	中国科学院大学	18	6	6	30
4	浙江大学	11	11	17	39
5	中国人民大学	9	2	3	14
6	中国科学技术大学	7	2	6	15
7	北京师范大学	6	2	7	15
8	中国农业大学	6	1	2	9
9	上海交通大学	5	10	10	25
10	复旦大学	5	8	10	23
11	东南大学	5	1	6	12
12	武汉大学	4	4	11	19
13	北京航空航天大学	4	3	7	14
14	华中科技大学	4	3	7	14

续表

序号	单位名称	学科等级			学科总计
		A+	A	A−	
15	国防科技大学	4	3	1	8
16	同济大学	4	1	7	12
17	南京农业大学	4	1	2	7
18	中国农业科学院	4		2	6
19	南京大学	3	11	7	21
20	哈尔滨工业大学	3	5	9	17
21	华中农业大学	3	1	3	7
22	中南大学	3		9	12
23	上海中医药大学	3			3
24	华东师范大学	2	5	5	12
25	西安交通大学	2	4	8	14
26	中山大学	2	2	10	14
27	北京协和医学院	2	1	1	4
28	电子科技大学	2	1	1	4
29	北京科技大学	2	1		3
30	中国矿业大学	2		2	4
31	江南大学	2		1	3
32	南京林业大学	2		1	3
33	中国传媒大学	2		1	3
34	中国美术学院	2		1	3
35	中国石油大学	2		1	3
36	北京林业大学	2			2
37	北京中医药大学	2			2
38	中国地质大学	2			2
39	中国海洋大学	2			2

续表

序号	单位名称	学科等级			学科总计
		A+	A	A-	
40	天津大学	1	4	9	14
41	厦门大学	1	4	2	7
42	东北师范大学	1	3	2	6
43	北京理工大学	1	2	6	9
44	山东大学	1	2	5	8
45	四川大学	1	1	14	16
46	北京邮电大学	1	1	1	3
47	西安电子科技大学	1	1	1	3
48	西北工业大学	1	1	1	3
49	兰州大学	1		1	2
50	中央美术学院	1	1		2
51	华南理工大学	1		7	8
52	北京交通大学	1		4	5
53	华南师范大学	1		3	4
54	海军军医大学（第二军医大学）	2		1	3
55	河海大学	1		2	3
56	解放军信息工程大学	1		2	3
57	哈尔滨工程大学	1		1	2
58	南京理工大学	1		1	2
59	西北大学	1		1	2
60	西南交通大学	1		1	2
61	云南大学	1		1	2
62	中央财经大学	1		1	2
63	北京体育大学	1			1

续表

序号	单位名称	学科等级			学科总计
		A+	A	A-	
64	北京外国语大学	1			1
65	东北林业大学	1			1
66	东华大学	1			1
67	黑龙江中医药大学	1			1
68	华东理工大学	1			1
69	空军军医大学 （第四军医大学）	1			1
70	南京信息工程大学	1			1
71	南京医科大学	1			1
72	上海海洋大学	1			1
73	上海体育学院	1			1
74	上海外国语大学	1			1
75	上海音乐学院	1			1
76	天津工业大学	1			1
77	武汉理工大学	1			1
78	西南石油大学	1			1
79	中国药科大学	1			1
80	中国政法大学	1			1
81	中央民族大学	1			1
82	中央音乐学院	1			1
83	南开大学		5	9	14
84	吉林大学		2	9	11
85	大连理工大学		2	5	7
86	南京师范大学		2	4	6
87	对外经济贸易大学		2	2	4

序号	单位名称	学科等级			学科总计
		A+	A	A-	
88	华中师范大学		2	2	4
89	上海财经大学		2	1	3
90	东北大学		1	3	4
91	东北财经大学		1	2	3
92	南京艺术学院		1	2	3
93	北京工业大学		1	1	2
94	北京化工大学		1	1	2
95	华北电力大学		1	1	2
96	广东外语外贸大学		1		1
97	合肥工业大学		1		1
98	黑龙江大学		1		1
99	华东政法大学		1		1
100	南昌大学		1		1
101	南京工业大学		1		1
102	沈阳药科大学		1		1
103	西安美术学院		1		1
104	西南政法大学		1		1
105	中国音乐学院		1		1
106	中南民族大学		1		1
107	湖南大学			5	5
108	首都师范大学			5	5
109	重庆大学			3	3
110	福建师范大学			3	3
111	南京航空航天大学			3	3
112	南京中医药大学			3	3

续表

序号	单位名称	学科等级			学科总计
		A+	A	A-	
113	西南大学			3	3
114	江西财经大学			2	2
115	陆军工程大学（原解放军理工大学）			2	2
116	上海大学			2	2
117	首都医科大学			2	2
118	苏州大学			2	2
119	西南财经大学			2	2
120	中南财经政法大学			2	2
121	北京电影学院			1	1
122	北京舞蹈学院			1	1
123	成都体育学院			1	1
124	福州大学			1	1
125	广东工业大学			1	1
126	广州中医药大学			1	1
127	哈尔滨医科大学			1	1
128	海军工程大学			1	1
129	河南理工大学			1	1
130	华南农业大学			1	1
131	火箭军工程大学			1	1
132	暨南大学			1	1
133	江苏大学			1	1
134	江西师范大学			1	1
135	上海戏剧学院			1	1
136	四川美术学院			1	1

续表

序号	单位名称	学科等级			学科总计
		A+	A	A-	
137	四川农业大学			1	1
138	天津体育学院			1	1
139	天津中医药大学			1	1
140	武汉体育学院			1	1
141	西安科技大学			1	1
142	西北农林科技大学			1	1
143	燕山大学			1	1
144	扬州大学			1	1
145	长春理工大学			1	1
146	浙江工商大学			1	1
147	浙江工业大学			1	1
148	中国中医科学院			1	1
149	中央戏剧学院			1	1
	总计	232	163	352	747

附录五 2017年新增学位授予单位名单

2018年5月8日，国务院学位委员会办公室公布了2017年全国学位授权审核结果，包括28个新增博士学位授予单位和29个新增硕士学位授予单位。其中，中国民航大学等21个博士学位授予单位、山西大同大学等25个硕士学位授予单位，需进一步加强建设，补短板强弱项，待其办学水平和研究生培养能力达到相应要求，并通过国务院学位委员会核查后，再开展招生、培养、授予学位工作。

2017年新增（博士）学位授予单位名单（按单位代码排序）

序号	单位名称	单位类别	序号	单位名称	单位类别
1	北京工商大学	博士单位	15	湖北工业大学	博士单位（建）
2	北京建筑大学	博士单位	16	吉首大学	博士单位（建）
3	常州大学	博士单位	17	广西中医药大学	博士单位（建）
4	浙江农林大学	博士单位	18	重庆师范大学	博士单位（建）
5	西安石油大学	博士单位	19	贵州财经大学	博士单位（建）
6	浙江财经大学	博士单位	20	云南中医学院	博士单位（建）
7	南方科技大学	博士单位	21	西藏藏医学院	博士单位（建）
8	中国民航大学	博士单位（建）	22	兰州财经大学	博士单位（建）
9	内蒙古医科大学	博士单位（建）	23	青海民族大学	博士单位（建）
10	沈阳航空航天大学	博士单位（建）	24	塔里木大学	博士单位（建）
11	哈尔滨体育学院	博士单位（建）	25	新疆财经大学	博士单位（建）
12	上海电力学院	博士单位（建）	26	北方民族大学	博士单位（建）
13	江西理工大学	博士单位（建）	27	海南医学院	博士单位（建）
14	河南工业大学	博士单位（建）	28	上海科技大学	博士单位（建）

2017年新增（硕士）学位授予单位名单（按单位代码排序）

序号	单位名称	单位类别	序号	单位名称	单位类别
1	北京石油化工学院	硕士单位	16	贵阳学院	硕士单位（建）
2	北京电子科技学院	硕士单位	17	昌吉学院	硕士单位（建）
3	湖州师范学院	硕士单位	18	合肥学院	硕士单位（建）
4	重庆科技学院	硕士单位	19	厦门理工学院	硕士单位（建）
5	山西大同大学	硕士单位（建）	20	海南热带海洋学院	硕士单位（建）
6	赤峰学院	硕士单位（建）	21	齐齐哈尔医学院	硕士单位（建）
7	上海海关学院	硕士单位（建）	22	南昌工程学院	硕士单位（建）
8	盐城工学院	硕士单位（建）	23	昆明学院	硕士单位（建）
9	临沂大学	硕士单位（建）	24	榆林学院	硕士单位（建）
10	南阳师范学院	硕士单位（建）	25	钦州学院	硕士单位（建）
11	湖北文理学院	硕士单位（建）	26	北华航天工业学院	硕士单位（建）
12	衡阳师范学院	硕士单位（建）	27	东莞理工学院	硕士单位（建）
13	天水师范学院	硕士单位（建）	28	大连民族大学	硕士单位（建）
14	宁夏师范学院	硕士单位（建）	29	四川警察学院	硕士单位（建）
15	吉林华桥外国语学院	硕士单位（建）			

附录六　学位与研究生教育质量重要文件

学位与研究生教育发展"十三五"规划

"十三五"是全面建成小康社会的决胜阶段。为贯彻落实党的十八届五中全会精神，根据国民经济和社会发展"十三五"规划，为适应新时期经济社会发展对高层次人才的需求，全面提高研究生教育质量，深入推进学位与研究生教育事业改革发展，制定本规划。

序言

研究生教育作为国民教育体系的顶端，是培养高层次人才和释放人才红利的主要途径，是国家人才竞争和科技竞争的重要支柱，是实施创新驱动发展战略和建设创新型国家的核心要素，是科技第一生产力、人才第一资源、创新第一动力的重要结合点。没有强大的研究生教育，就没有强大的国家创新体系。

我国自恢复研究生教育以来，始终结合国家战略和经济社会发展需求，坚持中国特色研究生教育发展道路，建立了较为完备的学位与研究生教育体系，保证了研究生教育基本质量，研究生教育规模从小到大，发展成为研究生教育大国，基本实现了立足国内自主培养高层次人才的战略目标。

"十二五"时期，特别是党的十八大以来，研究生教育改革全面深化，确立了"服务需求、提高质量"的发展主线，专业学位研究生培养模式改革取得突破，质量意识和发展水平较大提升，结构优化调整取得明显进展，投入保障明显改善，简政放权转变职能力度加大，高校办学自主权明显增强，一批高水平大学和高水平学科迅速崛起，若干重点建设高校进入或接近世界前 100 名，国际影响力不断提升，为"十三五"期间学位与研究生教育创新发展奠定了良好基础。

当前，国际环境错综复杂，世界经济正处于深度调整之中，全球范围内科技创新呈现出前所未有的发展态势，知识创新速度加快，科技变革加剧，高端人才在经济增长和科技创新中的作用进一步凸显，教育与人才竞争日趋激烈，很多国家把研究生教育作为培养和吸引优秀人才的重要途径。我国已进入全面建成小康社会的决胜阶段，改革发展任务艰巨繁重。实施创新驱动发展战略、制造强国战略和人才优先发展战略，推进"一带一路"建设，着力推动理论、制度、科技和文化创新，统筹推进世界一流大学和一流学科建设，必须以高素质人才构建新的竞争优势，以创新激发新的发展动力。我国研究生教育面临前所未有的发展机遇和挑战，必须树立科学的发展质量观，大力提升高层次创新人才培养水平。

与党中央的要求和人民群众的期盼相比，与肩负的历史使命和国际高水平研究生教育相比，我国研究生教育仍然存在明显差距。主动服务国家经济社会发展需求不到位，培养模式不能满足高水平创新能力和实践能力人才培养的要求，质量保障和评价机制未能有效发挥作用，国际影响力与国家地位不相匹配。

"十三五"时期，学位与研究生教育改革发展要继续坚持以服务需求、提高质量为主线，优化结构布局，改进培养模式，健全质量监督，扩大国际合作，推动培养单位体制机制创新，全面提升研究生教育水平和学位授予质量，加快从研究生教育大国向研究生教育强国迈进。

一、发展思路和目标

（一）发展思路

全面贯彻落实党的十八大和十八届三中、四中、五中、六中全会精神，深入学习贯彻习近平总书记系列重要讲话精神，按照"四个全面"战略布局，落实国家"十三五"规划、国家创新驱动发展战略纲要、深化人才发展体制机制改革的意见、教育规划纲要及教育"十三五"规划，坚持创新、协调、绿色、开放、共享的发展理念，全面推进内涵发展，全面深化研究生教育综合改革，更加突出培养模式转变，更加突出体制机制创新，更加突出结构调整优化，更加突出调动各方资源参与研究生教育的积极性，更加突出对外开放，统筹推进世界一流大学和一流学科建设，为建设创新型国家和人力资本强国、全面建成小康社会发挥关键支撑作用。

把服务需求、提高质量作为发展主线。面向国家和区域发展战略，面向国际科技前沿，面向教育现代化，全面提高研究生教育的结构适应性、人才培养质量、科技创新水平和社会服务能力，切实将学位授予单位的发展重点引导到提高质量、内涵发展上来。

把寓教于研、激励创新作为根本要求。遵循研究生教育规律，突出研究生教育在高等教育发展中的战略地位，把促进研究生成才成长作为出发点和落脚点，以学生为主体，以教师为主导，提倡开放合作和个性化培养，充分激发研究生从事科学研究和实践创新的积极性、主动性。统筹利用国内国际两方面资源，促进科研优势资源、行业优质资源与研究生培养的深度融合，科教协同、产学结合培养创新人才。

把分类改革、机制创新作为主要驱动。健全分类体系，实行分类管理和指导，增强发展协调性，拓宽发展空间。建立研究生教育主动适应经济社会发展需求的自主调节机制、以质量为导向的评价机制和资源配置机制。根据不同层次、不同类型研究生培养要求，分类改革选拔方式和培养模式。推进管办评分离，促进政府、研究生培养单位与社会之间良性互动。加强省级统筹。推动建立现代大学制度，形成主动创新、特色发展的办学机制。

（二）发展目标

到 2020 年，实现研究生教育向服务需求、提高质量的内涵式发展转型，基本形成结构优化、满足需求、立足国内、各方资源充分参与的高素质高水平人才培养体系，国际影响力显著增强，建成亚太区域研究生教育中心，为建设研究生教育强国奠定更加坚实的基础。

规模结构更加合理。保持研究生培养规模适度增长，千人注册研究生数达到 2 人，在学研究生总规模达到 290 万人。专业学位硕士招生占比达到 60% 左右。学位授权布局更趋合理，不同层次、不同类型的研究生比例更加协调，服务经济社会发展的能力持续增强。

培养质量整体提高。寓教于研、产教结合的培养模式基本形成，更好满足科技创新和人才市场需求，人才质量评价体系更加科学、完善。研究生创新和实践能力不断增强，用人单位的满意度持续提高。研究生对高水平科研成果、经济社会发展的贡献稳步提升。

形成拔尖创新人才培养高地。统筹建设世界一流大学和一流学科，若干所大学和一批学科进入世界一流行列，若干学科进入世界一流学科前列。建成一批中国特色、国际一流的研究生培养基地。

国际影响力显著增强。成为吸引海外研究生的区域中心，来华留学研究生占在学研究生的比例达到3%。研究生参与国际学术前沿研究的活跃度大幅提高。境外研究生培养项目的覆盖面和影响力进一步扩大。

二、发展改革任务

（一）主动适应需求，动态调整优化结构

以服务需求、提高质量为主线，着力优化学科结构和培养结构，改革招生计划管理模式和授权审核制度，联动协同，建立健全结构调整优化机制。

1. 优化研究生教育学科结构。支持建设一批国家发展急需、影响未来发展的学科专业。促进哲学社会科学与自然科学、基础学科与应用学科协调发展。完善学科设置与管理模式，增强灵活性，支持引导学位授予单位不断优化学科结构。支持学位授予单位按照经济社会发展需求自主设置二级学科，以前沿问题或重大科学、重大工程问题为导向自主设置新兴、交叉学科。健全学科预警机制，对水平持续低下、长期脱离经济社会发展需求、人才培养过剩的学科进行预警。创新财政支持方式，根据办学质量、学科水平和特色等因素分配资金，通过计划调控、绩效拨款等方式引导学科建设。

2. 增强招生计划服务需求的主动性。加强宏观管理，逐步建立研究生教育规模、结构、布局与经济社会发展相适应的动态调整机制。发挥政策引导和调控作用，主动对接国家重大战略需求，解决重大战略问题，储备战略人才。改进完善招生计划分配方式，调整优化区域间、培养单位间和学科专业间的招生结构。深入推进招生计划管理改革创新，扩大高校办学自主权、明确高校主体责任，加强事中事后监管。探索开展由少数高水平研究型大学依据国家核定的中长期办学规模、社会需求和办学条件，自主确定年度研究生招生计划工作。加强各类研究生教育、各类专项计划统筹管理，鼓励高校和科研院所联合培养研究生。

3. 稳步发展博士研究生教育。适度扩大博士研究生教育规模。加强博士专业

学位的论证和设置工作。适度提高优秀应届本科毕业生直接攻读博士学位的比例，以弹性学制打通硕士、博士研究生培养阶段。适度增加与国家重大发展战略、重点发展地区，以及繁荣哲学社会科学、加强马克思主义理论学科、传承中华优秀传统文化相关领域的研究生培养规模。

4. 积极发展硕士专业学位研究生教育。保持硕士专业学位研究生教育合理发展速度。建立以职业需求为导向的硕士专业学位研究生教育发展机制，加快完善专业学位体系，满足各行各业对高层次应用型人才的需求。鼓励和支持经济欠发达地区重点发展以专业学位为主的应用型研究生教育。探索硕士专业学位研究生教育与应用型本科和高等职业教育相衔接的办法，拓展高层次技术技能人才成长的通道，继续推动专业学位教育与职业资格衔接。

5. 增强学位授权审核的优化结构功能。统筹学术学位与专业学位授权审核，健全新增学位授权审核常态化与授权点动态调整相结合的工作机制。进一步明确国务院学位委员会、省级学位委员会和学位授予单位的职责，加强学位授权前瞻布局，促进学位授权与研究生培养的有效衔接。加强省级学位委员会对区域学位授权审核工作统筹，明确省级学位委员会在学位授予单位布局、学科与专业学位类别结构优化等方面的职责，提高研究生教育主动服务区域经济社会发展需求的能力。允许部分学位授予单位开展自主审核增列学位授权点。完善学位授权点定期评估制度，建立学位授权点强制退出机制。

（二）改革培养模式，提升创新和实践能力

坚持立德树人，突出人才培养的核心地位，分类推进培养模式改革，着力培养具有历史使命感和社会责任心、富有创新精神和实践能力的高素质人才。

6. 全面加强研究生思想政治工作。坚持把立德树人作为研究生教育的中心环节，把思想政治工作贯穿研究生教育教学全过程。建立健全培育和践行社会主义核心价值观的长效机制。加强以爱国主义为核心的民族精神和以改革创新为核心的时代精神教育，加强中国特色社会主义理论体系教育，增强研究生的国家意识、法治意识、社会责任意识和科学精神。全面加强马克思主义理论学科建设。深入推进研究生思想政治理论课教育教学改革。着力加强研究生基层党组织建设。将学术规范和职业伦理教育课程纳入培养方案，构建科研诚信和学术道德建

设的长效机制。广泛开展社会实践和志愿服务活动。大力支持研究生开展创新创业活动。加强研究生心理健康教育和咨询服务工作。

7. 加强学术学位研究生创新能力培养。健全完善博士研究生培养与科学研究相结合的培养机制。强化问题导向的学术训练，围绕国际学术前沿、国家重大需求和基础研究，着力提高博士研究生的原始创新能力。培养单位根据学科特点和培养条件，实行弹性化培养管理，合理确定培养年限。鼓励跨学科、跨机构的研究生协同培养，紧密结合国家重大科学工程或研究计划设立联合培养项目。继续支持培养单位与国际高水平大学和研究机构联合培养研究生。鼓励学校设立科研基金，资助研究生独立选定前沿课题开展科学研究。支持研究生参加形式多样的高水平学术交流。

8. 加强专业学位研究生实践能力培养。依据特定学科背景和职业领域的任职资格要求，分类改革课程体系、教学方式、实践教学，强化与职业相关的实践能力培养。充分发挥行业企业和专业组织的作用，健全分类评价体系，促进专业学位与专业技术岗位任职资格的有机衔接。加大行业企业及相关协会等社会力量参与专业学位研究生培养过程的力度，构建互利共赢的应用型人才产学合作培养新机制，支持建设一批专业学位研究生联合培养基地。鼓励高校与行业优势企业联合招收培养一线科技研发人员。推动部分专业学位与国际职业资格认证有效衔接。

9. 加强研究生教材和课程建设。加强教材建设，精编细选所用教材，严格把握教材的思想性，强化教材的前沿性和针对性。培养单位承担课程建设主体责任，加强对课程建设的长远和系统规划。加强不同培养阶段课程的整合、衔接，面向需求科学设计课程体系，加强研究生课程的系统性和前沿性，将创新创业能力培养融入课程体系。改革授课方式和考核办法，构建研究生课程学习支持体系，满足个性化发展需求。探索在线开放等形式的教学方式，建设一批优质研究生网络公开课程。建立规范的课程审查评估机制。统筹使用各类经费，加大对研究生课程建设、教学改革的常态化投入，完善课程建设成果奖励政策。

10. 深化研究生考试招生改革。完善多元化招生选拔机制。进一步深化硕士研究生考试招生改革，推进分类考试，优化初试科目和内容，强化复试考核，加强能力考查，注重综合评价，建立健全更加科学有效、公平公正的考核选拔体系。建立完善博士研究生"申请－考核"选拔机制，强化对科研创新能力的考查。

构建科学、规范、严密的研究生考试安全工作体系。强化招生单位的招生录取主体责任，发挥和规范导师作用，加强信息公开和社会监督。

11. 完善研究生培养分流退出制度。进一步完善研究生学籍管理办法，加强研究生课程学习、中期考核、资格考试、论文开题、答辩等环节的过程管理和考核，畅通博士研究生向硕士层次的分流渠道，加大分流退出力度。建立健全博士研究生分流退出激励机制。

（三）健全质量评价，完善监督保障体系

完善研究生教育质量评价机制，推进管办评分离，建立健全主体多元、多维分类、公开透明的评价监督保障体系。

12. 健全研究生教育内部质量保证体系。强化培养单位质量保障主体地位和主体责任，增强质量意识，建立与本单位办学目标和定位相一致的质量标准，争创高水平研究生教育。创新校、院（系）研究生教育管理机制，实现管理服务重心下移，提高管理服务精细化水平。推进信息公开，增强培养单位研究生培养的透明度。完善研究生教育质量自我评估制度，定期对学位授权点和研究生培养质量进行诊断式评估，鼓励有条件的单位积极参与学科国际评估和国际教育质量认证。培养单位定期发布研究生教育发展和质量报告，主动建设学位与研究生教育品牌。完善学风监管与学术不端惩戒机制。

13. 强化政府质量监控。修订《学位条例》。根据学位制度改革发展的实践，积极推动有关法规及规范性文件的立改废释工作，构建位阶分明、系统完整的学位法律制度体系。研究建立基于大数据分析的研究生教育质量监测与分析系统，加强博士硕士学位论文抽检力度，开展研究生培养质量跟踪调查与反馈。借鉴国际评估加强质量监控。加强省级学位委员会的评估与监督职能，积极推动研究生教育质量监督区域协作机制建设。提高政府信息公开和检查监督的透明度，引导社会合规合理参与监督。

14. 加强第三方监督。充分发挥第三方机构在研究生教育质量调查研究、标准制订、绩效评估及学风建设等方面的重要作用。充分发挥行业部门在需求分析、标准制订和专业学位质量认证等方面的积极作用。鼓励引导第三方机构积极参与研究生教育质量监督与评估，逐步建立独立、科学、公正、以社会评价为主的多样化评估认证机制。

（四）扩大国际合作，提升国际影响力

树立开放合作共赢理念，坚持引进来和走出去相结合，积极参与国际交流与合作，不断扩大研究生教育国际竞争优势。

15. 主动服务国家对外开放战略。积极对接国家外交战略，在更宽领域、更深层次上开展研究生教育的国际交流与合作。加快建设学位资历框架体系，推进双边和多边学位互认工作，加强与周边国家、区域的研究生教育合作，形成深度融合、互利合作格局。鼓励研究生和导师参与国际大科学计划和大科学工程。鼓励有条件的培养单位到海外开展研究生教育。以"一带一路"等国家重大战略为引领，积极推进沿线国家学生来华留学。配合中国企业走出去，以海外研发、培训等基地建设为依托，与企业合作进行定制培养。加快培养一批具有国际视野与跨文化交流能力、通晓国际规则、能够参与国际事务和国际竞争的高层次专门人才。

16. 推动中外合作办学内涵发展。支持培养单位与境外高水平大学联合开展高层次人才培养，深化研究生课程建设、联合授课、学分互换和学位互认等领域的合作。建立国际科研合作长效机制，探索"政府－大学－企业"多边国际合作创新模式，与境外一流大学和研究机构合作建立一批国际合作研究中心、联合实验室或研发基地，搭建高水平的研究生培养平台。

17. 鼓励支持导师和研究生国际流动。提高师资队伍国际化水平，开展任务导向的师资培训。吸引国外优秀人才来华培养研究生。进一步提高海外交流、访学的导师和研究生比例，开拓海外实践基地，加强研究生跨文化学习、交流和工作能力的培养。提高对研究生海外学习、学术交流的资助力度。

18. 提高来华留学生培养能力和管理水平。扩大来华攻读学位留学生规模，提高留学生生源的质量和多样性。完善留学生培养目标与培养体系，改进留学生教学内容和教学方式，促进留学生对中华文化的理解。加大对来华攻读学位留学生的中国政府奖学金资助力度，完善以中国政府奖学金为主导，地方政府、教育机构、企业及社会组织等各方参与的多元化来华留学奖学金体系。整合教务管理、校园生活等工作职能，促进留学生与中国学生的趋同化管理，为留学生创造

更好的学习与生活条件。

（五）统筹推进"双一流"建设，提升研究生教育整体实力

坚持中国特色、世界一流，使若干所大学和一批学科进入世界一流行列，努力建设世界一流的研究生教育。

19. 发挥研究生教育的引领支撑作用。立足中国国情，把研究生教育作为一流大学和一流学科建设的重要内容，推动高水平大学开展各具特色的研究生教育综合改革，建立与世界一流大学、一流学科相适应的研究生教育质量标准，以提升整体质量为中心，加快完善研究生教育制度。以一流的师资队伍、高水平的科学研究支撑高端人才培养，大力提升研究生创新能力和实践能力，发挥研究生教育在科技创新、产业结构转型升级、优秀文化传承中的重要作用。

20. 聚焦学科建设。坚持以学科为基础，引导和支持高水平大学统筹各类优质资源，创新学科组织模式，构建跨学科平台，培养跨学科人才。加强学科内涵建设，开展高水平科学研究，形成一流的学术声誉和品牌，打造更多的世界一流学科和学科高峰，带动学校发挥优势、办出特色。

21. 构筑拔尖创新人才培养高地。将研究生培养与经济社会发展需求紧密结合，培养和引进一批活跃在国际学术前沿、满足国家战略需求的一流科学家、学科领军人物和创新团队；加大博士研究生培养力度，着力培养各类创新型、应用型、复合型优秀人才；结合颠覆性技术创新和国家实验室、国家技术创新中心建设，促进高校人才培养、科学研究、学科建设与产业发展良性互动，形成具有示范作用的拔尖创新人才培养模式。

（六）拓展育人途径，推动培养单位体制机制创新

以研究生成长成才为中心，着力构建优势资源和有利因素互补相融的协同培养机制，持续深化研究生教育综合改革。

22. 完善科教融合、产学结合机制。进一步加强高等学校与科研院所和行业企业的资源共享、战略合作，支持校所、校企、校校联合建设拔尖创新人才培养平台，开展联合招生、联合培养试点，拓展合作育人的途径与方式。促进教学与科研实践的融合，建立以科学与工程技术研究为主导的导师责任制和导师项目资

助制。推进研究生创新创业教育中心建设，强化创新创业实训实践，加大创新创业人才培养力度。

23. 深化以人才培养为中心的全面改革。聚焦质量效益，以体制机制创新作为持续发展的保障。以全面质量观为指导，推动研究生教育的各项制度更加成熟定型。加强和改进高校党的领导，加快形成以大学章程为统领的研究生培养制度体系，统筹研究生教育综合改革。完善有关研究生培养的学术组织和管理体系，扩大研究生群体在民主决策机制中的作用，加快在人事制度、科研体制机制、资源调配机制、评估评价制度等方面实现有效突破。建立健全社会支持、参与、监督研究生教育发展的长效机制。

三、保障措施

（一）形成各方合力支持的投入保障机制

1. 完善多元投入机制。健全以政府投入为主、受教育者合理分担培养成本、培养单位多渠道筹集经费的研究生教育投入机制。构建科学规范、公平公正、讲求绩效、有利于质量提升的预算拨款制度。培养单位统筹财政投入、科研事业收入、学费收入、社会捐助等各种资源，确保对研究生教学、科研和资助的投入，完善研究生培养的项目资助制，加大纵向科研经费和基本科研业务费支持研究生培养的力度，稳步提高研究生教育经费生均支出。

2. 发挥好奖助政策体系作用。培养单位统筹各类资金，建立健全多元奖助政策体系，激发研究生学习和科研积极性，保障和提高研究生待遇水平。加大对农、林、水、地、矿、油、核等艰苦行业以及有关基础学科的研究生资助力度。加强"三助一辅"与国家奖学金、学业奖学金、国家助学金等制度政策的统筹优化，提高经费使用效益。采取减免学费、发放特殊困难补助和助学贷款等方式，加大对家庭经济困难研究生的资助力度。积极鼓励社会团体和个人设立研究生奖学金。

（二）强化导师培养责任和能力

3. 强化和完善导师负责制。加强师德师风建设，健全研究生导师工作规范，引导教师潜心教学和研究、认真教书育人。进一步强化导师的思想政治教育责任，充分发挥导师对研究生思想品德、科学伦理、学术研究的示范和教育作用。导师是研究生培养质量第一责任人，保障导师在招生、培养、资助、学术评价等环节中的权力；对培养质量出现问题的导师，培养单位视情况采取质量约谈、限招、停招等处理措施。

4. 改革导师评聘评价机制。改变单一科研导向，将研究生成长成才作为导师考核要素。建立学术学位和专业学位研究生导师分类评聘、分类考核评价制度和岗位动态调整机制，将承担研究生课程建设和教学工作的成果、指导工作量以及质量评价结果列入相关系列教师考评和专业技术职务评聘要求。

5. 加强导师队伍能力建设。建设教学交流和新任导师培训平台。加大对导师承担研究生课程建设和教学改革项目的资助力度。支持导师合作开发、开设课程，鼓励国际和跨学科合作。鼓励教师流动，完善校内外"双导师"制，聘任相关学科领域专家、实践经验丰富的行业企业专家及境外专家，优化导师队伍结构。支持导师国内外学术交流、访学和参与行业企业实践。逐步实行导师学术休假制度。

（三）构建信息化支撑服务体系

6. 丰富信息化教育资源和手段。加强优质数字教育资源开发与共享，构建信息化学习与教学环境，满足个性化学习需求。加速信息化环境下科学研究与拔尖创新人才培养的融合，推动最新科研成果转化为优质教育教学资源，提升个性化互动教学水平。利用信息化手段，推进研究实验基地、大型科学仪器设备、自然科技资源、科研数据与文献共享。

7. 提高信息共享和公开水平。整合建设覆盖所有培养单位的研究生教育管理信息体系，实现国家与地方资源数据库之间系统互联与数据互通，建设纵向贯通、横向关联的教育管理信息化系统，开展研究生教育大数据分析，加强质量监测与调控。加强学位与研究生教育质量信息平台建设，面向社会开放。建设在学研究生学业信息管理系统，建立研究生教育质量信息分析和预警机制。加大信息公开力度，公布质量标准，发布质量报告和评估结果，接受社会监督。

（四）组织实施重大项目

围绕研究生教育改革发展战略目标，着眼于提高研究生教育质量和增强可持续发展能力，以加强关键领域和薄弱环节为重点，完善激励和引导机制，组织实施一批重大项目。

项目一：一流研究生教育建设计划。按照《统筹推进世界一流大学和一流学科建设总体方案》及其实施办法的要求，坚持中国特色、世界一流，以支撑国家战略、服务发展需求为导向，以学科为基础，以研究生培养机制改革为重点，建设世界一流大学和一流学科，着力提升研究生培养水平和质量，提升科技创新水平，打造一流导师队伍，形成一批研究创新中心，使一批高校的研究生教育水平达到或接近国际一流，打造我国高水平研究生教育基地。

项目二：未来科学家计划。培养国民经济和社会发展重点领域急需紧缺专门人才，充实国家未来科学家后备队伍。国家留学基金委实施未来科学家项目，面向国家急需、薄弱、空白、关键领域，聚焦现代科技尖端、前沿领域，每年选派一批科研潜质突出的博士研究生到国外顶尖、一流大学和科研机构学习、研究，有针对性地培养一批顶尖创新人才、领军人才和大师级人才；实施其他公派研究生项目，支持具有科研潜质的研究生出国留学、访学。鼓励支持部属高校统筹使用基本科研业务费等资金，自主设立未来科学家计划项目，支持品学兼优且具有较强科研潜质的在校研究生开展自主选题的创新研究工作，重点资助具有创新潜力的博士生开展基础性、战略性、前沿性科学研究和共性技术研究。

项目三：研究生导师能力提升计划。国家留学基金委实施博士生导师短期出国交流项目，选派派有学生的博士生导师赴国外进行一个月的短期交流，加强导师对派出学生在外学习的检查和指导；实施西部地区人才培养特别项目，每年选派西部12个省、市、自治区及新疆生产建设兵团地方院校的教学科研骨干（包括研究生导师）出国访学，缩小东西部地区导师水平差距，支持西部急需人才培养需要；实施其他公派教师、学者项目，大力推进研究生导师出国访学。依托"高等学校青年骨干教师国内访问学者"项目，选派研究生导师到国内高水平大学和科研机构访学。支持高校研究生导师到企业或相关行业单位交流学习，提高实践教学能力；鼓励企业导师到高校学习培训、合作开发课程，提高学术指导能力。

项目四：课程体系及案例库建设。将课程体系建设纳入研究生教育综合改革。充分发挥课程体系、案例库在知识传授、技能训练、品格塑造等方面的作用。鼓励各培养单位整体建设和优化符合教学规律、突出学习成效的模块化、系统性、多元化课程体系。支持培养单位开展案例教学，整合案例资源，完善信息化支撑平台，建设专业学位案例库和教学案例推广中心，逐步建立起具有中国特色、与国际接轨的案例教学体系，实现案例资源共享、师资共享、学术成果共享和国际合作资源共享。

项目五：研究生学术交流平台建设。支持学位授予单位开展研究生学术交流，拓宽学术视野，激发创新思维，提升培养质量。通过"学校自筹、政府奖补、社会参与"的多元化投入方式，建立健全研究生学术交流机制，鼓励高校与行业、学（协）会、企业合作，通过举办博士生学术论坛、开设研究生暑期学校、开设短期工作坊、建立博士生国内外访学制度，搭建多层次、多学科研究生学术交流平台。

（五）完善工作机制

全面落实从严治党、从严治教要求，切实加强党对学位与研究生教育工作的领导。学位与研究生教育战线要从战略和全局的高度，充分认识研究生教育在建设创新型国家中的重要地位作用，把发展研究生教育摆在更加突出的位置，把思想和行动统一到主动服务需求、提高质量的改革主线上来。要从实际出发，进一步强化统筹，紧密结合研究生教育发展阶段、区位优势和资源条件，围绕学位与研究生教育发展"十三五"规划确定的战略目标、主要任务、重大措施和项目等，制定本地区、本单位实施研究生教育发展"十三五"规划的具体方案和措施，分阶段、分步骤组织实施，全面推进学位与研究生教育改革和发展。

国务院学位委员会学科评议组、全国专业学位研究生教育指导委员会、中国学位与研究生教育学会等组织机构，根据规划目标任务和职责定位，积极发挥在质量标准制订、跟踪评价、咨询与信息服务等方面的作用。鼓励支持行业部门、社会机构积极参与规划的落实、监督，形成合力推动学位与研究生教育发展的新格局。

统筹推进世界一流大学和一流学科建设实施办法（暂行）

第一章　总则

第一条　为贯彻落实党中央、国务院关于建设世界一流大学和一流学科的重大战略决策部署，根据《统筹推进世界一流大学和一流学科建设总体方案》（国发〔2015〕64 号，以下简称《总体方案》），制定本办法。

第二条　全面贯彻党的教育方针，坚持社会主义办学方向，按照"四个全面"战略布局和创新、协调、绿色、开放、共享发展理念，以中国特色、世界一流为核心，落实立德树人根本任务，以一流为目标、以学科为基础、以绩效为杠杆、以改革为动力，推动一批高水平大学和学科进入世界一流行列或前列，为实现"两个一百年"奋斗目标、实现中华民族伟大复兴的中国梦提供有力支撑。

第三条　面向国家重大战略需求，面向经济社会主战场，面向世界科技发展前沿，突出建设的质量效益、社会贡献度和国际影响力，突出学科交叉融合和协同创新，突出与产业发展、社会需求、科技前沿紧密衔接，深化产教融合，全面提升我国高等教育在人才培养、科学研究、社会服务、文化传承创新和国际交流合作中的综合实力。

到 2020 年，若干所大学和一批学科进入世界一流行列，若干学科进入世界一流学科前列；到 2030 年，更多的大学和学科进入世界一流行列，若干所大学进入世界一流大学前列，一批学科进入世界一流学科前列，高等教育整体实力显著提升；到本世纪中叶，一流大学和一流学科的数量和实力进入世界前列，基本建成高等教育强国。

第四条　加强总体规划，坚持扶优扶需扶特扶新，按照"一流大学"和"一流学科"两类布局建设高校，引导和支持具备较强实力的高校合理定位、办出特色、差别化发展，努力形成支撑国家长远发展的一流大学和一流学科体系。

第五条　坚持以学科为基础，支持建设一百个左右学科，着力打造学科领域高峰。支持一批接近或达到世界先进水平的学科，加强建设关系国家安全和重大利益的学科，鼓励新兴学科、交叉学科，布局一批国家急需、支撑产业转型升级和区域发展的学科，积极建设具有中国特色、中国风格、中国气派的哲学社会科学体系，着力解决经济社会中的重大战略问题，提升国家自主创新能力和核心竞争力。强化学科建设绩效考核，引领高校提高办学水平和综合实力。

第六条　每五年一个建设周期，2016 年开始新一轮建设。建设高校实行总量控制、开放竞争、动态调整。

第二章　遴选条件

第七条　一流大学建设高校应是经过长期重点建设、具有先进办学理念、办学实力强、社会认可度较高的高校，须拥有一定数量国内领先、国际前列的高水平学科，在改革创新和现代大学制度建设中成效显著。

一流学科建设高校应具有居于国内前列或国际前沿的高水平学科，学科水平在有影响力的第三方评价中进入前列，或者国家急需、具有重大的行业或区域影响、学科优势突出、具有不可替代性。

人才培养方面，坚持立德树人，培育和践行社会主义核心价值观，在拔尖创新人才培养模式、协同育人机制、创新创业教育方面成果显著；积极推进课程体系和教学内容改革，教学成果丰硕；资源配置、政策导向体现人才培养的核心地位；质量保障体系完善，有高质量的本科生教育和研究生教育；注重培养学生社会责任感、法治意识、创新精神和实践能力，人才培养质量得到社会高度认可。

科学研究方面，科研组织和科研机制健全，协同创新成效显著。基础研究处于科学前沿，原始创新能力较强，形成具有重要影响的新知识新理论；应用研究解决了国民经济中的重大关键性技术和工程问题，或实现了重大颠覆性技术创新；哲学社会科学研究为解决经济社会发展重大理论和现实问题提供了有效支撑。

社会服务方面，产学研深度融合，实现合作办学、合作育人、合作发展，科研成果转化绩效突出，形成具有中国特色和世界影响的新型高端智库，为国家和区域经济转型、产业升级和技术变革、服务国家安全和社会公共安全做出突出贡献，运用新知识新理论认识世界、传承文明、科学普及、资政育人和服务社会成效显著。

文化传承创新方面，传承弘扬中华优秀传统文化，推动社会主义先进文化建设成效显著；增强文化自信，具有较强的国际文化传播影响力；具有师生认同的优秀教风学风校风，具有广阔的文化视野和强大的文化创新能力，形成引领社会进步、特色鲜明的大学精神和大学文化。

师资队伍建设方面，教师队伍政治素质强，整体水平高，潜心教书育人，师德师风优良；一线教师普遍掌握先进的教学方法和技术，教学经验丰富，教学效果良好；有一批活跃在国际学术前沿的一流专家、学科领军人物和创新团队；教师结构合理，中青年教师成长环境良好，可持续发展后劲足。

国际交流合作方面，吸引海外优质师资、科研团队和学生能力强，与世界高水平大学学生交换、学分互认、联合培养成效显著，与世界高水平大学和学术机构有深度的学术交流与科研合作，深度参与国际或区域性重大科学计划、科学工程，参加国际标准和规则的制定，国际影响力较强。

第三章　遴选程序

第八条　坚持公平公正、开放竞争。采取认定方式确定一流大学、一流学科建设高校及建设学科。

第九条　设立世界一流大学和一流学科建设专家委员会，由政府有关部门、高校、科研机构、行业组织人员组成。专家委员会根据《总体方案》要求和本办法，以中国特色学科评价为主要依据，参考国际相关评价因素，综合高校办学条件、学科水平、办学质量、主要贡献、国际影响力等情况，以及高校主管部门意见，论证确定一流大学和一流学科建设高校的认定标准。

第十条　根据认定标准专家委员会遴选产生拟建设高校名单，并提出意见建议。教育部、财政部、发展改革委审议确定建议名单。

第十一条　列入拟建设名单的高校要根据自身实际，以改革为动力，结合学校综合改革方案和专家委员会咨询建议，确定建设思路，合理选择建设路径，自主确定学科建设口径和范围，科学编制整体建设方案、分学科建设方案（以下统称建设方案）。建设方案要以人才培养为核心，优化学科建设结构和布局，完善内部治理结构，形成调动各方积极参与的长效建设机制，以一流学科建设引领健全学科生态体系，带动学校整体发展。以 5 年为一周期，统筹安排建设和改革任务，综合考虑各渠道资金和相应的管理要求，设定合理、具体的分阶段建设目标和建设内容，细化具体的执行项目，提出系统的考核指标体系，避免平均用力或碎片化。高校须组织相关专家，结合经济社会发展需求和国家战略需要，对建设方案的科学性、可行性进行深入论证。

第十二条　论证通过的建设方案及专家论证报告，经高校报所属省级人民政府或主管部门审核通过后，报教育部、财政部、发展改革委。

第十三条　专家委员会对高校建设方案进行审核，提出意见。

第十四条　教育部、财政部、发展改革委根据专家委员会意见，研究确定一流大学、一流学科建设高校及建设学科，报国务院批准。

第四章　支持方式

第十五条　创新支持方式，强化精准支持，综合考虑建设高校基础、学科类别及发展水平等，给予相应支持。

第十六条　中央高校开展世界一流大学和一流学科建设所需经费由中央财政支持；中央预算内投资对中央高校学科建设相关基础设施给予支持。纳入世界一流大学和一流学科建设范围的地方高校，所需资金由地方财政统筹安排，中央财政予以引导支持。

有关部门深化高等教育领域简政放权改革，放管结合优化服务，在考试招生、人事制度、经费管理、学位授权、科研评价等方面切实落实建设高校自主权。

第十七条　地方政府和有关主管部门应通过多种方式，对世界一流大学和一流学科建设加大资金、政策、资源支持力度。建设高校要积极争取社会各方资源，形成多元支持的长效机制。

第十八条　建设高校完善经费使用管理方式，切实管好用好，提高使用效益。

第五章　动态管理

第十九条　加强过程管理，实施动态监测，及时跟踪指导。以学科为基础，制定科学合理的绩效评价办法，开展中期和期末评价，加大经费动态支持力度，形成激励约束机制，增强建设实效。

第二十条　建设中期，建设高校根据建设方案对建设情况进行自评，对改革的实施情况、建设目标和任务完成情况、学科水平、资金管理使用情况等进行分析，发布自评报告。专家委员会根据建设高校的建设方案和自评报告，参考有影响力的第三方评价，对建设成效进行评价，提出中期评价意见。根据中期评价结果，对实施有力、进展良好、成效明显的建设高校及建设学科，加大支持力度；对实施不力、进展缓慢、缺乏实效的建设高校及建设学科，提出警示并减小支持力度。

第二十一条　打破身份固化，建立建设高校及建设学科有进有出动态调整机制。建设过程中，对于出现重大问题、不再具备建设条件且经警示整改仍无改善的高校及建设学科，调整出建设范围。

第二十二条　建设期末，建设高校根据建设方案对建设情况进行整体自评，对改革的实施情况、建设目标和任务完成情况、学科水平、资金管理使用情况等进行全面分析，发布整体自评报告。专家委员会根据建设高校的建设方案及整体自评报告，参考有影响力的第三方评价，对建设成效进行评价，提出评价意见。根据期末评价结果等情况，重新确定下一轮建设范围。对于建设成效特别突出、国际影响力特别显著的少数建设高校及建设学科，在资金和政策上加大支持力度。

第六章　组织实施

第二十三条　教育部、财政部、发展改革委建立部际协调机制，负责规划部署、推进实施、监督管理等工作。

第二十四条　省级政府应结合经济社会发展需求和基础条件，统筹推动区域内有特色高水平大学和优势学科建设，积极探索不同类型高校的一流建设之路。

第二十五条　建设高校要全面加强党的领导和党的建设，坚持正确办学方向，深化综合改革，破除体制机制障碍，统筹学校整体建设和学科建设，加强组织保障，营造良好建设环境。

第二十六条　动员各方力量积极参与世界一流大学和一流学科建设，鼓励行业企业加强与高校合作，协同建设。省级政府、行业主管部门加大对建设高校的投入，强化跟踪指导，及时发现建设中存在的问题，提出改进的意见和建议。

第二十七条　坚持公开透明，建立信息公开网络平台，公布建设高校的建设方案及建设学科、绩效评价情况等，强化社会监督。

第七章　附则

第二十八条　本办法由教育部、财政部、发展改革委负责解释。

第二十九条　本办法自发布之日起实施。

博士硕士学位授权审核办法

第一章　总则

第一条　为做好博士硕士学位授权审核工作，保证学位授予和研究生培养质量，根据《中华人民共和国学位条例》及其暂行实施办法、《中华人民共和国行政许可法》，制定本办法。

第二条　博士硕士学位授权审核（以下简称"学位授权审核"）是指国务院学位委员会依据法定职权批准可授予学位的高等学校和科学研究机构及其可以授予学位的学科（含专业学位类别）的审批行为。

学位授权审核包括新增学位授权审核和学位授权点动态调整两种方式。

第三条　学位授权审核要全面贯彻国家教育方针，围绕国家区域发展战略和经济社会发展，以服务需求、提高质量、推动研究生教育内涵发展为目的，依法依规进行。

第四条　学位授权审核应当保证学位授予质量、服务社会发展需求、支撑研究生教育发展、激发培养单位活力，构建责权分明、统筹规划、分层实施、公正规范的制度体系。

第五条　新增学位授权审核分为新增博士硕士学位授予单位审核、学位授予单位新增博士硕士一级学科与专业学位类别（以下简称"新增博士硕士学位点"）审核、自主审核单位新增学位点审核。其中，自主审核单位新增学位点审核是指根据国务院学位委员会的授权，具备条件的学位授予单位可以自主按需开展新增博士硕士学位点、新兴交叉学位点评审，评审通过的学位点报国务院学位委员会批准。

第六条　学位授权点动态调整是指学位授予单位根据需求，自主撤销已有博士硕士学位点，新增不超过撤销数量的其他博士硕士学位点的学位授权点调整行为。具体实施办法按有关规定进行。

第七条　新增博士硕士学位授予单位申请基本条件、新增博士硕士学位点申请基本条件、自主审核单位申请基本条件由国务院学位委员会制定，每6年修订一次。

对服务国家重大需求、落实中央重大决策、保证国家安全具有特殊意义或属于填补全国学科领域空白的普通高等学校和学科，可适度放宽申请基本条件。

第二章　组织实施

第八条　新增学位授权审核由国务院学位委员会统一部署，每3年开展一次。

第九条　省级学位委员会受国务院学位委员会委托，负责接收学位授予单位申请，根据本区域经济社会发展对高层次人才需求，在专家评议基础上，向国务院学位委员会择优推荐新增博士硕士学位授予单位、新增博士硕士学位点和自主审核单位。

国务院学位委员会组织专家对新增博士学位授予单位、新增博士学位点和自主审核单位进行评议，并批准新增博士硕士学位授予单位、新增博士硕士学位点和自主审核单位新增博士硕士学位点。

第十条　国务院学位委员会在收到省级学位委员会的推荐意见后，应于3个月内完成审批，不包含专家评议时间。

第十一条　博士硕士学位点审核按照《学位授予和人才培养学科目录》规定的一级学科和专业学位类别进行。

第三章　新增博士硕士学位授予单位审核

第十二条　新增学位授予单位审核原则上只在普通高等学校范围内进行。从严控制新增学位授予单位数量。新增硕士学位授予单位以培养应用型人才为主。

第十三条　省级学位委员会根据国家和区域经济社会发展对高层次人才的需求，确定本地区普通高等学校的博士、硕士和学士三级学位授予单位比例，制订本地区新增学位授予单位规划，确定立项建设单位，按照立项、建设、评估、验收的程序分批安排建设。建设期一般不少于3年。

第十四条　新增学位授予单位需同时通过单位整体条件及一定数量相应级别学位授权点的授权审核，方可获批为博士硕士学位授予单位。新增学位授予单位同时申请的新增学位授权点审核按本办法第十九条规定的程序进行。

第十五条　新增博士硕士学位授予单位授权审核的基本程序是：

（一）符合新增博士硕士学位授予单位申请基本条件的普通高等学校向本地区省级学位委员会提出申请，报送材料。

（二）省级学位委员会对申请学校的资格和材料进行核查，将申请材料在本省（区、市）教育主管部门官方网站上向社会公开，并按有关规定对异议进行处理。

（三）省级学位委员会组织专家对符合申请条件的学校进行评议，并在此基础上召开省级学位委员会会议，研究提出拟新增博士硕士学位授予单位的推荐名单，在经不少于 5 个工作日公示后，报国务院学位委员会。

（四）国务院学位委员会组织专家对省级学位委员会推荐的拟新增博士学位授予单位、按照本办法第七条第二款推荐的拟新增博士硕士学位授予单位进行评议，专家应在博士学位授权高校校领导、国务院学位委员会学科评议组（以下简称"学科评议组"）召集人、全国专业学位研究生教育指导委员会（以下简称"专业学位教指委"）主任委员与副主任委员及秘书长范围内选聘。获得 2/3（含）以上专家同意的确定为拟新增博士硕士学位授予单位。

经省级学位委员会推荐的符合硕士学位授予单位申请条件的学校，若无重大异议，可直接确定为拟新增硕士学位授予单位。

（五）国务院学位委员会将拟新增博士硕士学位授予单位名单向社会进行为10 个工作日的公示，并按有关规定对异议进行处理。

（六）国务院学位委员会审议批准新增博士硕士学位授予单位。

第四章　新增博士硕士学位点审核

第十六条　学位授予单位要根据经济社会发展对人才培养的需求，不断优化博士硕士学位点结构。新增学位点原则上应为与经济社会发展密切相关、社会需求较大、培养应用型人才的学科或专业学位类别。其中新增硕士学位点以专业学位点为主。

第十七条　国务院学位委员会根据国家需求、研究生就业情况、研究生培养规模、教育资源配置等要素提出新增学位点调控意见。各省级学位委员会根据国务院学位委员会部署，结合本地区实际，制订本地区学位点申报指南。

第十八条　博士学位授予单位可申请新增博士硕士学位点，硕士学位授予单位可申请新增硕士学位点。原则上不接受已转制为企业的学位授予单位申请新增学位点。

国务院学位委员会予以撤销的学位点（不包括学位点对应调整的），自撤销之日起 5 年内不得再申请新增为学位点。

第十九条　新增博士硕士学位点的基本程序是：

（一）学位授予单位按照申报指南和学位点申请基本条件，确定申报的一级学科和专业学位类别，向本地区省级学位委员会提出申请，报送材料，并说明已有学位点的队伍与资源配置情况。

（二）省级学位委员会对学位授予单位的申请资格和申请材料进行核查，将申请材料在本省（区、市）教育主管部门的官方网站上向社会公开，并按有关规定对异议进行处理。

（三）省级学位委员会根据学位点的类型，组织专家对符合申请基本条件的博士硕士学位点进行评议，专家组人员中应包括相应学科评议组成员或专业学位教指委委员。

（四）省级学位委员会在专家组评议基础上召开省级学位委员会会议，提出拟新增博士硕士学位点的推荐名单，在经不少于 5 个工作日公示后，报国务院学位委员会。

（五）国务院学位委员会委托学科评议组或专业学位教指委，对省级学位委员会推荐的拟新增博士学位点进行评议，获得 2/3（含）以上专家同意的确定为拟新增博士学位点。

（六）国务院学位委员会将拟新增博士硕士学位点名单向社会进行为期 10 个工作日的公示，并按有关规定对异议进行处理。

（七）国务院学位委员会审议批准新增博士硕士学位点。

第五章　自主审核单位新增学位点审核

第二十条　国务院学位委员会根据研究生教育发展，逐步有序推进学位授予单位自主审核博士硕士学位点改革，鼓励学位授予单位内涵发展、形成特色优势、主动服务需求、开展高水平研究生教育。自主审核单位原则上应是我国研究生培养和科学研究的重要基地，学科整体水平高，具有较强的综合办学实力，在国内外享有较高的学术声誉和社会声誉。

第二十一条　符合申请基本条件的学位授予单位可向省级学位委员会提出开展自主审核新增学位点申请。省级学位委员会对申请材料进行核查后，将符合申请资格的学位授予单位报国务院学位委员会。国务院学位委员会组织专家评议后，经全体会议同意，确定自主审核单位。

第二十二条　自主审核单位应制订本单位学位授权审核实施办法、学科建设与发展规划和新增博士硕士学位点审核标准，报国务院学位委员会备案，并向社会公开。自主审核单位新增博士硕士学位点审核标准应高于国家相应学科或专业学位类别的申请基本条件。

第二十三条　自主审核单位须严格按照本单位自主审核实施办法和审核标准开展审核工作。对拟新增的学位点，应组织不少于 7 人的国内外同行专家进行论证。所有拟新增的学位点均须提交校学位评定委员会审议表决，获得全体委员 2/3（含）以上同意的视为通过。

自主审核单位可每年开展新增学位点审核，并于当年 10 月 31 日前，将本单位拟新增学位点报国务院学位委员会批准。

第二十四条　自主审核单位可根据科学技术发展前沿趋势和经济社会发展需求，探索设置新兴交叉学科学位点。此类学位点经国务院学位委员会批准后纳入国家教育统计。

第二十五条　自主审核单位应加强对新增学位点的质量管理，每 6 年须接受一次评估。对已不再符合申请基本条件的，国务院学位委员会将取消其自主审核学位授权点的权限。

第二十六条　自主审核单位发生严重研究生培养质量或管理问题，或在学位点合格评估和专项评估中出现博士硕士学位点被评为"不合格"的，国务院学位委员会将取消其自主审核学位授权点的权限。

第六章　质量监管

第二十七条　学位授予单位存在下列情况之一的，应暂停新增学位点。

（一）生师比高于国家规定标准或高于本地区普通本科高校平均水平；

（二）学校经费总收入的生均数低于本地区普通本科高校平均水平；

（三）研究生奖助体系不健全，奖助经费落实不到位；

（四）研究生教育管理混乱，发生了严重的教育教学管理事件；

（五）在学位点合格评估、专项评估、学位论文抽检等质量监督工作中，存在较大问题；

（六）学术规范教育缺失，科研诚信建设机制不到位，学术不端行为查处不力。

第二十八条　本省（区、市）研究生教育存在下列情况之一的，应暂停其所属院校新增学位授权。

（一）研究生生均财政拨款较低；

（二）研究生奖助经费未能按照国家有关要求落实。

第二十九条　新增学位授权点获得国务院学位委员会批准 3 年后，应按照《学位授权点合格评估办法》接受专项评估。

分设领域的专业学位类别，招收培养研究生的领域由学位授予单位自主确定，报国务院学位委员会办公室和省级学位委员会备案。此类专业学位点须按招生领域参加合格评估和专项评估，有任一领域评估不合格，则视为该专业学位类别评估不合格。

第三十条　学位授予单位应实事求是地填写申报材料，严格遵守评审纪律。对材料弄虚作假、违反工作纪律的学位授予单位，取消其当年申请资格，并予以通报批评。

第三十一条　省级学位委员会要加强本地区学位与研究生教育统筹，科学规划学位授予单位和学位点建设，不断优化布局，根据本区域经济社会发展对高层次人才的需求，加强指导，督导学位授予单位自律，引导学位授予单位特色发展、提高质量、服务需求。要严格按照学位授予单位和学位点申请基本条件进行审核，保证质量。对不能保证质量的省级学位委员会予以通报批评。

第三十二条　国务院学位委员会组织对各省（区、市）学位授权审核工作进行督查，对违反本办法规定与程序、不按申请基本条件开展学位授权审核的省级学位委员会，将进行约谈，情节严重的将暂停该地区本次学位授权审核工作。

第七章　附则

第三十三条　中国人民解放军各学位授予单位的学位授权审核由中国人民解放军学位委员会按照本办法组织进行。

各学位授予单位新增军事学门类一级学科授权点和军事硕士专业学位点，由中国人民解放军学位委员会审核后，报国务院学位委员会批准。

第三十四条　本办法由国务院学位委员会负责解释。

第三十五条　本办法自发布之日起实施，之前发布的与本办法不一致的有关规定，均按照本办法执行。

参 考 文 献

［1］王战军.中国研究生教育质量年度报告（2017）［M］.北京：中国科学技术出版社，
2017.

［2］王战军.高等教育监测评估理论与方法［M］.北京：科学出版社.2017.

［3］王战军，李明磊.研究生质量评估:模型与框架［J］.高等教育研究，2012，33(3):54—58.

［4］中华人民共和国教育部.教育部　国家统计局　财政部.关于2016年全国教育经费执行情况统计公告［EB/OL］.［2017-10-17］.http://www.moe.gov.cn/srcsite/A05/s3040/201710/t20171025_317429.html.

［5］中国人民共和国国家统计局.国家统计局　科学技术部　财政部.2016年全国科技经费投入统计公报［EB/OL］.［2017-10-10］.http://www.stats.gov.cn/tjsj/zxfb/201710/t20171009_1540386.html.

［6］国家自然科学基金委员会.2017国家自然科学基金资助项目统计资料［EB/OL］.［2018-01-20］.http://www.nsfc.gov.cn/nsfc/cen/xmtj/pdf/2017_table.pdf

［7］中华人民共和国教育部.出国留学人数首次突破60万人　高层次人才回流趋势明显2017年出国留学、回国服务规模双增长.［EB/OL］.［2018-04-10］.http://www.moe.gov.cn/jyb_xwfb/gzdt_gzdt/s5987/201803/t20180329_331771.html.

［8］中华人民共和国教育部.教育部　国务院学位委员会关于印发《学位与研究生教育发展"十三五"规划》的通知［EB/OL］.［2017-01-20］.http://www.moe.gov.cn/srcsite/A22/s7065/201701/t20170120_295344html.

［9］中华人民共和国教育部.紧贴社会发展需求培养人才［EB/OL］.［2017-03-09］.http://www.moe.gov.cn/jyb_xwfb/moe_2082/zl_2017n/2017_zl13/20703/t20170309_298788.html.

［10］中华人民共和国教育部.山东省印发贯彻《学位与研究生教育发展"十三五"规划》的意见［EB/OL］.［2017-08-07］.http://www.moe.gov.cn/s78/A22/moe_847/201708/t20170807_310785.html.

［11］中华人民共和国教育部. 关于公布世界一流大学和一流学科建设高校及建设学科名单的通知［EB/OL］.［2017-09-21］. http://www. moe. gov. cn/srcsite/A22/moe_843/201709/t20170921_314942. html.

［12］中华人民共和国教育部. 国务院学位委员会关于印发《博士硕士学位授权审核办法》的通知［EB/OL］.［2017-03-30］. http://www. moe. gov. cn/srcsite/A22/yjss_xwgl/moe_818/201703/t20170330_301525. html.

［13］中华人民共和国教育部. 国务院学位委员会 教育部关于开展2017年学位授权点专项评估工作的通知［EB/OL］.［2017-03-03］. http://www. moe. edu. cn/s78/A22/A22_gggs/A22_sjhj/201703/t20170321_300333. html.

［14］中华人民共和国教育部. 国务院学位委员会 教育部关于下达2017年学位授权点专项评估结果及处理意见的通知［EB/OL］.［2018-02-27］. http://www. moe.edu. cn/s78/A22/A22_gggs/A22_sjhj/201803/t20180302_328436. html.

［15］14所高校将开展全国博士研究生教育综合改革试点［EB/OL］.［2017-07-20］. http://www. jsgjxh. cn/news/detail/35638.

［16］中华人民共和国国务院. 总理政府工作报告中提到的这个目标已经落实［EB/OL］.［2017-04-10］. http://www. gov. cn/premier/2017-04/10/content_5184055. htm.

［17］全国学生资助管理中心. 财政部 教育部关于进一步提高博士生国家助学金资助标准的通知［EB/OL］.［2017-03-03］. http://www. xszz. cee. edu. cn/zizhuzhengce/gaodengjiaoyu/2017-08-01/3078. html.

［18］首届研究生教育学国际会议在北京召开［EB/OL］.［2017-10-27］. http://www. bit. edu. cn/xww/zhxw/146339. htm.

［19］吴振东，潘旭. 复旦大学认定论文抄袭事实确凿 撤销当事人博士学位［EB/OL］.［2017-01-23］. http://news. sina. com. cn/o/2017-01-23/doc-ifxzutkf2403315. shtml.

［20］王景烁. 厦大院长问题博士论文再调查［EB/OL］.［2017-08-21］. http://zqb. cyol. com/html/2017-08/21/nw. D110000zgqnb_20170821_1-04. htm.

［21］南京理工大学. 王泽山简介［EB/OL］.［2018-01-19］. http://rs. njust. edu. cn/1278/list. htm.

［22］邱晨辉. 2017年度科技创新人物揭晓［EB/OL］.［2018-01-19］. http://media. china. com. cn/cmyw/2018-01-19/1211158. html.

［23］王泽山同志事迹材料［EB/OL］.［2018-03-20］. http://szw. njfu. edu. cn/typenews. asp?id=1351.

［24］南黎萱. 国家的需要就是我研究的方向——记2017年度国家最高科学技术奖获得者王泽山院士.［EB/OL］.［2018-01-19］. http://zs. njust. edu. cn/84/95/c4297a165013/page. htm.

［25］中华人民共和国教育部. 教育部网站数据［EB/OL］.［2018-03-30］. http://www. moe. gov. cn/jyb_xwfb/gzdt_gzdt/s5987/201803/t20180329_331771. html.

［26］Kevin Prest. *China′s Ambitions for Education Development: key take aways from the 19th Party Congress*［EB/OL］.［2018-03-06］. British Council - Services for international education. 2018/3/6.

［27］Futao Huang. *Double World−Class Project has more ambitious aims*［J/OL］. University world news. com 29 September 2017 Issue No:476.

［28］*Implementation measures released for China's new world−class university policy*［EB/OL］.［2018-03-08］. https://internationaleducation. gov. au/News/Latest-News/Pages/Implementation-measures-released-for-China%E2%80%99s-new-world-class-university-policy. aspx

［29］Zhimin Li. *Internationalization and the Construction of World−Class Universities and Disciplines*［J］. Science. OCTOBER 2017 •VOL 358 ISSUE 6360.

［30］Gavin Newton-Tanzer. *How Will China's "Double First Class" Project Change Higher Education in China* 2018.［EB/OL］.［2018-04-08］. https://www. huffingtonpost. com/entry/how-will-chinas-double-first-class-project-change_us_5a20200fe4b02edd56c6d748.

［31］Charlotte Gao. *A Closer Look at China's World−Class Universities Project*［J］. The Diplomat. September 22，2017.

［32］Vincent Bevins，Tom Phillips. *The Guardian. 7 July，2017.*［EB/OL］. https://www. theguardian. com/world/2017/jul/07/going-global-china-exports-soft-power-with-first-large-scale-university-in-malaysia.

［33］Suvendrini Kakuchi. *Regional universities a new focus of research excellence*［N］. University World News. 08 August 2017 Issue No:469.

［34］Xiaomei Song. *The Fairness of a Graduate School Admission Test in China: Voices from*

Administrators， Teachers， and Test-Takers［J］. The Asia-Pacific Education Researcher. April 2018， Volume 27， Issue 2， pp 79–89.

［35］Flora Carr. *Cambridge set to seize on 'Brexit opportunities' by increasing postgraduate intake* ［N］. The Telegraph. 12 July 2017.

［36］Govt intends to make Indian universities world-class［EB/OL］. ［2017-10-14］. https://www. livemint. com/Politics/

［37］*For First Time in over a Decade， International Graduate Applications and Enrollments Decline at U. S. Institutions.*［EB/OL］. ［2018-01-30］. http://cgsnet. org/ckfinder/userfiles/files/Intl_Survey_Report2017_release_final. pdf

［38］Zhu Tian. *Will China's Educational System Strangle Economic Growth*? ［EB/OL］. ［2018-05-16］. https://www.forbes.com/sites/ceibs/2016/05/16/will-china's-educational-system-strangle-economic-growth/#6a19318d430c.

2012年至今，中国研究生教育质量报告编研工作已经走过了7个年头。7年来，编研组锐意创新，持续提高编研质量，研究成果得到社会一致认可，产生了广泛影响力。在此，我谨代表编研组全体成员向一直以来关心和支持本报告编研工作的各位同人表示衷心感谢。

2018年1月，编研组正式开始启动《中国研究生教育质量报告（2018）》编研工作，并多次召开研讨会，确定了本年度报告的内容。本报告以述说、数说、事说、示范说、省说、研究生说、境外媒体与专家学者说等为视角，聚焦了2017年我国研究生教育质量状态，最终形成了《中国研究生教育质量报告（2018）》。

本年度质量报告的编写成员来自清华大学、北京理工大学、学位与研究生教育杂志社、武汉大学、东南大学、湘潭大学、北京石油化工学院7家单位。报告分工如下：第一章，廖湘阳；第二章，王战军、唐广军、刘静；第三章，耿有权、胡西子；第四章，王传毅、吴青、陈晨；第五章，周文辉、刘俊起、黄欢、付鸿飞；第六章，邢清清、李芬；附录，周玉清。整体报告由王战军统稿，乔刚和刘静为项目秘书。

本年度报告中的全国研究生满意度调查继续由学位与研究生教育杂志社承担问卷的发放、回收、数据的录入与分析等工作。2018年，全国共有109所研究生培养单位的6万多名在校研究生参与了问卷调查，参与调查人数持续增加。在此，谨向为本次调查付出辛勤劳动的各研究生培养单位有关负责人及工作人员表示感谢！向所有参与满意度调查的在校研究生表示感谢！也欢迎更多的研究生培养单位和研究生参与到未来的调查活动中来。

感谢专家委员会所有成员给予本报告的宝贵意见和建议！感谢编研组成员及工作人员长期为此付出的智慧和汗水！感谢所有参考文献的作者！

同时，还要感谢为本年度报告相关数据和资料收集的东南大学硕士研究生沈春、张锦文、宋雪梅、王怀永、王星星，北京理工大学人文与社会科学学院硕士研究生胡蕴纹、孙玉、贾晓飞、杜娟、钟贞、代丽、王雪、王俊超。

《中国研究生教育质量报告（2018）》在已有研究的基础上对各个章节继续进行创新，以期在保证学术研究严谨性的同时，进一步增强本报告的可读性，以回应社会对研究生教育质量的关切，为考研的大学生了解和选择研究生单位提供参考，为研究生教育主管部门提供质量评估参考，为研究生教育工者提供工作参考，为研究生教育研究者提供有价值的学术参考。

但是，由于编研组人员水平有限，本报告仍存在一些不足，请广大读者进行批评指正，以促使我们不断改进编写工作，提高报告编研质量，进一步扩大报告的影响力。

最后，本报告的编研是一个开放创作平台，欢迎有志于研究生教育质量研究的各位同人积极加入我们的队伍，组建研究生教育质量研究的学术共同体，共同打造一部全面、系统、多视角、多层面的中国研究生教育质量年度报告。

王战军

2017 年 6 月